大学生のための日本国憲法入門

吉田成利
Yoshida Narutoshi

Introductory Lectures on the Constitution of Japan

慶應義塾大学出版会

はじめに

　本書は日本国憲法をわかりやすく説明していきます。主に大学において憲法や法学の講義で用いられることを念頭に書かれているので、「大学生のための」というタイトルをつけましたが、決して読者を大学生に限定しているわけではありません。ましてや、法律の専門家や法学者のために書かれているわけではありません。むしろ、法律をあまり身近に感じていない方や、これから法律を基礎教養として学びたいと思っていらっしゃる方にこそ、読んでいただきたい本として執筆しています。

　また、憲法や法学は、大学の教職課程で必修となっている科目です。著者も学生時代、教員免許取得のために科目単位数の多さに苦しみました。憲法や法学は、そのような膨大な教職課程科目の一つにすぎないかもしれません。しかし、これから教員を目指す方々にも本書をぜひ読んでいただき、日本国憲法の基本的な知識を修得して、憲法に対する偏見や誤解から生徒たちを解放し、生徒たちに自分の頭で考え、法律を用いて行動することの楽しさや大切さを説いてほしいと願っています。

　また、本書は大学での全15回の講義をふまえて、章立ても15章に分かれています。著者は法学者ですが、難解で冗長な文章を書くことで自己満足しているような法律の専門書が大嫌いです。かといって、表層だけをすくうような「広く浅い」教科書では、読んでいても退屈してしまうかもしれません。そこで、本書では日本国憲法の主たる論点や、法律を身近に感じられていない方であっても、これだけはぜひ知っておくべきであろうと著者が思う条文や判例などを取捨選択し、章別にまとめました。したがって、刑事訴訟法や労働法など他の法律分野や他の科目などでカバーできるトピックについては、あえて取り上げていません。また、各章の最後には、話題となった事例を題材に、コラムとして私見を述べています。考えるヒントとしてお役立ていただければと思います。

　日本国憲法は第2次世界大戦後の混乱の中、主に米国人の手によって作られ

ました。ある意味で、敗戦の結果として米国に「押し付けられた」憲法である側面は否めないでしょう。しかし、この憲法の基本原理である、国民主権や人権尊重主義、平和主義は、日本人の根本的な価値観として、日本の伝統や国民性に溶け込み、受け入れられていったのではないかと考えています。近年、憲法が改正される動きがある中においても、これらの基本原理に疑問を呈する人はあまりいないと思います。日本国憲法の誕生は米国人の手によるものであったとしても、憲法の未来、すなわち、憲法改正の是非を決めるのは日本国民です。最終的には国民投票で、現代に生きる我々にふさわしい憲法の条文の是非を決めるのです。読者の皆さんが自分たちの憲法観をもって、来るべき国民投票の時に臨めるようにと願いながら、本書をそのための小さな石の第一投とします。

　2020 年 1 月

吉田 成利

目　次

第 1 章　日本国憲法とは？

　新聞やネットニュースを読んでいると、ほぼ毎週のように日本国憲法改正の是非を論議する記事が出ています。1946 年に戦後の混乱の中で日本国憲法が公布されて以来、憲法を一度も改正することなく、日本人は自由で民主的な国家を維持してきました。米国を代表する資本主義陣営とかつてのソビエト連邦を盟主とする共産主義陣営とが対立する冷戦構造が、20世紀の終わりに崩壊した後も、我が国では日本国憲法の改正を主張すること自体が戦後日本の平和主義に対する脅威であるかのように捉えられてきていました。

　しかしながら、2001 年に米国で同時多発テロが起き、北朝鮮情勢や尖閣諸島・竹島・北方領土など日本に対する近隣諸国からの脅威も増大する中、我が国では憲法 9 条を改正し、日本国憲法を時代や現実に合ったものへとモデルチェンジしようという議論がなされ始めています。特に 2012年末に再登板して安定した長期政権を築いている安倍晋三首相は憲法改正を悲願としており、その実現性も高まっています。そのような中で、憲法改正に賛成する人も反対する人も、「そもそも憲法とは何か？　憲法が我々の生活とどのように関係するのか？」という根本的な問題を聞かれると簡単には答えられないでしょう。

　本章ではまず、日本国憲法の基本原理と構造を見て、その答えに近づいていきます。

1. 憲法の定義と目的

憲法の位置づけ　　我が国の法律学は、日本の法典を主に 6 つに分類する「六法」という種類分けをしています。**憲法、民法、商法、民事訴訟法、刑法、刑事訴訟法の 6 つ**を六法と言います。この 6 つの法典を合めて様々な法律を収録した法令集が六法全書です。六法全書よりも小型で基本的な法令のみを収録した B6 判サイズの六法も出版されており、毎秋に発売されています。

　　六法の中でも、憲法は他の法律に優先した**「法律の王様」**と位置づけることができます。民法や刑法など他の法律はすべて憲法の下にあるのです。

定義　　憲法の定義については難しく長いものから簡単なものまであります。国家と国民を緊張する対立関係に位置づけたり、国家の存在自体を否定する考えもありますが、一面的で現実を見ていないと言えます。日本という国家を「国民の家」とするならば、「国民の家の大黒柱」、つまり「**国民の権利義務を規定する国家統治の基本法**」が憲法の定義です。そもそも国民は国家の構成員であり、総務省統計局の発表によれば 2019 年 1 月 1 日の時点で、日本には 1 億 2632 万人の国民がいます。このような大家族において、全ての国民の希望や主張を実現することは不可能ですし、家の中が混乱してしまいます。

　　そこで、国民は自らの権利を国家に委ね、社会秩序を維持した上で「家」を運営し、自分たちの生活をより良いものにするために政治を行ってきました。**政治とは、決めること**です。国民が選挙において多数決で国民の代表を選び政治を行うことが民主主義であり、我が国はこの**民主主義**と社会秩序の枠内で自由を最大限に重んじる**自由主義**の 2 つを土台とした憲法という大黒柱によって支えられてきました。

憲法と政治　　憲法とは**政治の法**であると言えます。1 億 2632 万人の権利を集めたならば、日本の国家の権力は強大なものとなります。憲法は、強大な国家権力が暴走しないように縛り（**法の支配**と言います）、国家権力

が適切に動くようにするためにコントロールする機能を有しています。その機能こそが、我々の国民生活の様々な物事や未来予想図を決めていくこと、つまり、**政治**です。憲法は国家の構成員として国民が行う政治に密接なものなのです。

憲法の目的　　憲法の目的は、すなわち国民生活の目的とも言えるので、一概に定義しづらいものです。しかし、ヒントは**日本国憲法 13 条**にあります。

憲法 13 条　すべて国民は、個人として尊重される。生命、自由及び幸福追求に対する国民の権利については、公共の福祉に反しない限り、立法その他の国政の上で、最大の尊重を必要とする。

　我々国民は何のために憲法を有しているのか？　一言で言えば、それは国民全員が可能な限り幸福であるためです。言うまでもなく、我々の生涯は一度しかありません。その貴重な一生を日本という国家の構成員として生きるからには、自分の一生は日本人で幸せだったなと思えることが良いに決まっています。

　憲法 13 条は我々国民が、幸福を追求する権利を有していることを規定しています。ここで気を付けるべきこととして、憲法は我々が幸福になる権利を有するとは言っていないということです。なぜならば、国民の幸福は国家が決めるのではなく国民自身が決めるべきだからです。幸福の内容は人により異なる物ですから、国民一人ひとりが自分で自分の幸福とは何かを決めるべきものなのです。そしてその幸福を決める、幸福を追い求める権利を憲法が保障しているのです。**国民が幸福を追求することができること**、これこそが**憲法の目的**と言えましょう。

2．憲法の基本原理と構造

三権分立　　強大な国家権力を一箇所にまとめてしまうとロクなことはありません。国家権力の集中は、「法律の王様」である憲法を名ばかりのものとします。例えば、ナチス・ドイツやソビエト連邦は国家権力をヒトラーやスターリンという独裁者の手に集中させたせいで、権力を腐敗させ、国家を崩壊させました。憲法はあってないようなものであり、「法の支配」どころか「人の支配」となってしまったのです。**国家権力を効果的に縛るためには、憲法が国家権力を分立させる必要がある**、というのが歴史の教訓でした。これが**三権分立（権力分立）**の原理です。

　日本国憲法は国家権力を**立法・行政・司法**の 3 つに分けました。立法は国会、行政は内閣、司法は最高裁判所を頂点に、お互いに権力を抑制し均衡させています。具体的には下図のような関係となります。

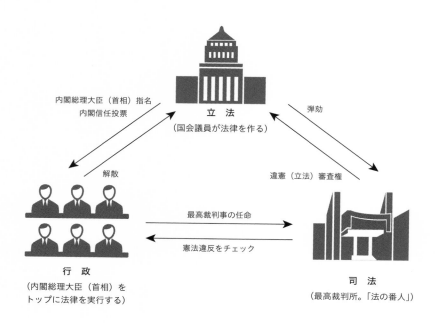

詳しくは本書第9章〜11章を参照してください。日本国憲法は米国の憲法をモデルに起草されました。しかし、米国が行政の長に、議員とは別の選挙で国民によって直接選ばれる大統領を置いているのと異なり、国会議員による選挙によって指名される内閣総理大臣（首相）という国会議員を行政の長としています。その点では、米国よりも立法と行政の関係が密接な、緩やかな権力分立と言えましょう。

日本国憲法の三大原理　　日本国憲法の103の条文をすべて読むと、日本国憲法は3つの大きな原理によって成立していることがわかります。それが**国民主権・人権尊重主義・平和主義**です。

　国民主権とは、文字通り、日本という国家の主は国民であるということです。日本国憲法の「先代」にあたる大日本帝国憲法（いわゆる明治憲法）では、天皇主権が明確に規定されていました。日本は天皇を頂点とする国家であり、国民は天皇の家来、「臣民」としての地位にあったのです。しかし、**民主主義**を基調とする日本国憲法においては、日本国民が主権者であり、天皇は国民統合の象徴です。日本は国民のものであるので、国民は国家に対して権利を有し、義務（責任）を負うのです。

　人権尊重主義とは、国民の人権を最大限尊重することです。国民の人権は憲法の前半に規定されていますが、いずれも日本国憲法の**自由主義**的な側面が表れています。国民の人権は無制限とは言えません。すべての国民が共存共栄できるようにするために、人権は必ず社会秩序（公共の福祉）の枠内で最大限保障されます。

　平和主義とは、第2次世界大戦までの反省から、日本は平和国家として歩んでいこうという決意です。平和は国民が幸福を追求するための最低条件です。日本国民の安全を保障し、国益を保護するためには平和は不可欠なのです。日本国憲法9条および憲法の前文を平和主義の根拠にしている憲法学者が多いですが、憲法9条には明確に規定されていない自衛隊と日米安保条約によって日本の平和が守られていることにも目をそむけてはならないでしょう。

憲法全文収録の漫画誌　日本国憲法全文掲載の冊子を収録した小学館の「週刊ビッグコミックスピリッツ」（2016 年 7 月 1 日　時事）

公共の福祉と適正手続　　日本国憲法が自由主義を基調とするのであれば、日本国民の権利や自由は最大限保障されるべきです。しかし、1 億 2632 万人の国民の利害は必ずどこかでぶつかります。誰もが自分が自分がと主張していたら国家は成り立たなくなってしまいます。そこで、日本国憲法は 12 条や 13 条のように、様々な権利や自由を保障する規定において、**公共の福祉**という制限を加えています。公共の福祉を定義するのは難しいですが、わかりやすく言えば、国民が日本という国家において共存共栄するために、自分自身の権利や自由を最低限制約して守る**国民全体の利益**、まさに、**社会秩序**と言えるでしょう。

　　ただし、憲法によって国民の権利に制限が加えられるときには、必ず、法律が定める適正な手続にしたがわなければなりません。憲法 31 条を見てみましょう。

憲法 31 条　何人も、法律の定める手続によらなければ、その生命若しくは
　　自由を奪はれ、又はその他の刑罰を科せられない。

この適正手続を定めた 31 条（デュープロセス条項とも言います）によって、日本国憲法は日本が独裁者による人治国家ではなく、法治国家であることを高らかに宣言しているのです。

法の支配　　日本国憲法 81 条と 98 条 1 項で、憲法はすべての法律に優先することが明記されています。

憲法 81 条　最高裁判所は、一切の法律、命令、規則又は処分が憲法に適合するかしないかを決定する権限を有する終審裁判所である。

憲法 98 条①　この憲法は、国の最高法規であつて、その条規に反する法律、命令、詔勅(しょうちょく)及び国務に関するその他の行為の全部又は一部は、その効力を有しない。

　例えば、法律 A が日本国憲法の規定に違反していた場合、裁判所は法律 A を憲法違反（**違憲**）とする判決を下します。逆に憲法に違反していないと判断した場合には**合憲**となります。憲法はまさに法律の上に立つ、「法律の王様」なのです。

Discussion テーマ

- 立法のメンバーである国会議員が内閣のトップである内閣総理大臣を務めるのは三権分立に反しているのではないか？　そもそも国家権力はどれほど厳格に三分割されるのだろうか？
- 日本国憲法の条文は 103 条しかない。憲法は民法などと比べて、なぜこのように少ない条文数なのであろうか？

憲法と国際法では、どちらが優先するか？

　グローバル化社会が進むと、国境を越える人・モノ・サービス・お金の移動がより自由化されます。世界が小さくなり、ビジネスの可能性が無限に拡がっていく意味では、この動きは好ましいですが、無制限に自由を放置しておくと、必ず紛争や予期せぬ事件が発生してしまいます。そこで、国際的に共通の法規範を置くことで、そのような弊害を未然に防ぐ必要があります。これが国際法の意義です。日本が主権を有する国家であるならば、日本国の基本法である日本国憲法と国際法の規定の内容が衝突した場合、どちらが優先されるべきであるでしょうか？

　憲法の規定はこれについて具体的に述べていません。

憲法 81 条　最高裁判所は、一切の法律、命令、規則又は処分が憲法に適合するかしないかを決定する権限を有する終審裁判所である。

　このように憲法 81 条には最高裁判所に「一切の法律、命令、規則又は処分」に対する違憲審査権（第 11 章を参照）を与えていますが、「国際法や条約」という言葉は 81 条の規定には存在していません。

憲法 98 条①　この憲法は、国の最高法規であつて、その条規に反する法律、命令、詔勅及び国務に関するその他の行為の全部又は一部は、その効力を有しない。
②　日本国が締結した条約及び確立された国際法規は、これを誠実に遵守することを必要とする。

　また、憲法が「法律の王様」であることを認めている 98 条 1 項の規定には、憲法の下に入るのは「法律、命令、詔勅及び国務に関するその他の行為の全部又は一部」であると規定されている一方で、「国際法や条約」という言葉が入っていないことから、必ずしも憲法が国際法に

対してその最高法規性を主張できるかどうかは明確ではありません。しかも、98条2項は、「条約及び確立された国際法規」を誠実に遵守することを必要としています。しかし、誰が「誠実に遵守する」べきか、明記されていないのです。

　学説上多数に支持されている見解は憲法が国際法に優先するという憲法優位説ですし、最高裁判所は砂川事件判決（1959年）において、憲法が条約よりも優先するという前提を取りました。条約も裁判所の違憲審査権には服するという考えなのです。また、日本国憲法がモデルとしているアメリカ合衆国憲法も憲法と国際法のどちらが優先するのか明記していませんが、アメリカ最高裁の判例（The Head Money Cases, 112 U.S. 580（1884））によれば、条約は連邦法（法律）と同じ地位であり、アメリカ合衆国憲法が条約に優先するようです。

　憲法学者が憲法を優先的に考え、国際法学者が国際法を優先的に考えるのは、ある意味で仕方がないことかもしれません。そこで、「融和策」として、国際法を前国家的なものと後国家的なものの2種類に分ける考え方があります。

　すなわち、平和条約や日米安保条約のように日本という国家の存亡にかかわるような**前国家的国際法**は日本国憲法に優先しますが、その他の国際法に対しては、**後国家的国際法**と位置づけ、憲法の最高法規性を尊重しようという考え方です。いずれにしても前国家的と後国家的を分ける基準はあいまいなままです。最高裁判所は日本国憲法が国際法と衝突した場合には難しい判断を迫られる状況は変わりません。

第2章　天皇と象徴

　2019年は天皇が江戸時代以来の生前退位を行った記念すべき年となりました。天皇と言うと、私たちは何をイメージするでしょうか？　「日本で一番偉い人」、「上品で国民に寄り添う、思いやりのある、ありがたい存在」、「国民生活になんとなく距離がある」など、いろいろなイメージがあるでしょう。

　日本の皇室は「万世一系」と言われるように世界でも類を見ないほど長い血筋と歴史を持つ王室です。『古事記』や『日本書紀』などの歴史的書物を参照すれば、天皇の歴史は日本史そのものであると言っても過言ではないことがよくわかります。そうした日本国の歴史の象徴とも言える存在であった天皇は、明治維新後、国家の頂点に立つ存在、「主権者」として大日本帝国憲法に規定されます。だからといって、天皇は何をやっても許されたわけではなく、あくまでも立憲君主として、憲法の枠内で行動をし、政治にあまり口出しをせず、国家統合の象徴として、国民を励まし、日本が欧米列強と対抗できるだけの近代国家となるべく尽力をしました。

　しかし、日本が帝国主義の側面を強めていくにつれ、天皇は「生きている神様（いわゆる現人神）」として軍部に利用されていきます。第2次世界大戦の結果は戦前の「神様」としての天皇の在り方に大きな変化を与えました。天皇は「象徴」として日本国憲法に明記され、象徴天皇としての役割を担っています。天皇は憲法に「象徴」として規定されることで、日本の歴史上、歴代の天皇が一貫して行ってきた国民統合の「象徴」としての役割を明確に果たしているのです。

1. 天皇の位置づけ

元首・君主・象徴の違い　　日本国憲法第1章のタイトルは「天皇」です。これは戦前の大日本帝国憲法と同様であり、国民主権と矛盾するのではないかと言う考えもあります。しかしながら、天皇制が日本国統合の基礎として位置付けられてきた日本史の事実を鑑みれば、憲法の最初の条文が我が国の歴史の基礎となる天皇に関する規定から始まるのは当然のこととも考えられるでしょう。

> **憲法1条**　　天皇は、日本国の象徴であり日本国民統合の象徴であつて、この地位は、主権の存する日本国民の総意に基く。

　日本国憲法においては、天皇は「象徴」という地位にあります。そもそも、象徴とは何のことを言うのでしょうか？　それを考える前に、まずは天皇が日本国の「王様」であるのかどうかを論じる必要があります。

　王様とは言い換えれば、**君主**のことです。君主は国家の最高位に位置する人物であり、その地位を世襲で受け継いでいきます。世界には、イギリスやタイやブータンなど君主を有する国々と、米国やフランスや中国など君主を有していない国々があります。後者の場合、君主がいない代わりに、大統領や国家主席などがいます。君主や大統領、国家主席などは、対外的には国家を代表する存在であり、これらをまとめて**元首**と言います。天皇は客観的に見ても、君主であり元首であるようにも見えます。戦前の大日本帝国憲法4条は天皇を元首と規定しましたが、日本国憲法の規定には、天皇が君主であるとも元首であるとも書かれていません。その代わり、日本国憲法1条で、天皇は象徴とされています。

象徴　　象徴は、英語で「**シンボル**」（Symbol）と言います。抽象的でわかりにくい表現のように思えますが、例えば鳩は国際的に「平和の象徴」

「即位礼正殿の儀」で、国内外に即位を宣言する天皇陛下（2019年10月22日、皇居・宮殿「松の間」 時事）

と言われます。また、米国では、国旗である星条旗が多様な人種や宗教などで構成されている合衆国民を一つにまとめる象徴とされています。日本国憲法は、天皇を「日本の象徴」と位置づけ、日本国民を統合する存在としています。天皇制に対する賛否はさておいても、日本史のほぼすべての時代に天皇が存在してきたことを考えると、日本人が日本人である所以は天皇と言う存在が国民を統合してきたから、といっても過言ではないでしょう。まさに日本国の「象徴」にふさわしい存在である天皇を、日本国憲法が「神様」でも「国民」でもなく、「象徴」として規定したのは、日本史上の必然なのです。

2．天皇の仕事

国事行為　象徴として天皇はどのような仕事をしているのでしょうか？天皇の行為は国事行為、公的行為、そして私的行為の3つに分けられます。天皇の公的な仕事は、憲法に規定されている国事行為と、憲法に規定され

ていないその他の仕事である公的行為の2つから成り立っており、私的行
為は、プライベートでの天皇の行動のことです。まず、国事行為から見て
いきます。

憲法3条　天皇の国事に関するすべての行為には、内閣の助言と承認を必要
　　とし、内閣が、その責任を負ふ。

　憲法3条は天皇の「国事に関する行為」（**国事行為**）を憲法で定め、それ
を行うには内閣のアドバイス（助言）と事前承認を必要条件とし、ひとた
び天皇が国事行為を行った結果については、内閣がその責任を負うことを
明確にしています。

国事行為の内容　　　天皇の国事行為は日本国憲法7条に列挙されています。

憲法7条　天皇は、内閣の助言と承認により、国民のために、左の国事に関
　　する行為を行ふ。

　　1．憲法改正、法律、政令及び条約を公布すること。

　　2．国会を召集すること。

　　3．衆議院を解散すること。

　　4．国会議員の総選挙の施行を公示すること。

　　5．国務大臣及び法律の定めるその他の官吏の任免並びに全権委任状及
　　　　び大使及び公使の信任状を認証すること。

　　6．大赦(たいしゃ)、特赦、減刑、刑の執行の免除及び復権を認証すること。

　　7．栄典を授与すること。

　　8．批准書及び法律の定めるその他の外交文書を認証すること。

　　9．外国の大使及び公使を接受すること。

　　10．儀式を行ふこと。

これらに加え、憲法6条には内閣総理大臣と最高裁長官を任命することが、天皇の仕事と規定され、これらは国事行為であると理解されています。

> 憲法6条① 天皇は、国会の指名に基いて、内閣総理大臣を任命する。
> ② 天皇は、内閣の指名に基いて、最高裁判所の長たる裁判官を任命する。

　もちろん、憲法6条の「任命」は、天皇の自由な考えや好き嫌いで選ばれるものではなく、それぞれ国会と内閣の指名に基づきます。

公的行為

> 憲法4条① 天皇は、この憲法の定める国事に関する行為のみを行ひ、国政に関する権能を有しない。

　天皇は国事行為以外の行為を自由に行う権限を有するのでしょうか？憲法4条1項は国事行為のみを行うのが天皇であり、政治に関する権能を天皇に与えていません。

　実際は、憲法に違反しない限りにおいて、天皇は様々な仕事を行います。それが**公的行為**です。例えば、新年早々に皇居で行う一般参賀や、全国で行う植樹祭への出席に加え、地震や津波や火山の噴火、台風など重い災害などの被害に遭った人々を訪問し激励する行為が公的行為と言えます。公的行為は内閣による助言と承認を必要としません。天皇が自分の意思で参加を決め、宮内庁長官や天皇の家族である皇室の方々がその決断を補助するものです。天皇の仕事のうち、国民の心に強い印象と感動を与えるのは、憲法が規定している国事行為よりもむしろ公的行為の方ではないかとも思えます。

私的行為　天皇のプライベートな行動を私的行為と言います。例えば、大相撲観戦やコンサートに行ったり、美術館を訪問することが私的行為に入ります。また、皇室の様々な伝統行事である宮中祭祀（さいし）を執り行うことも私的行為と位置づけられます。宮中祭祀は神道の教義に基づくものであり、憲法7条10号の「儀式」という国事行為に入れてしまうと政教分離の原則に反するおそれがあるため、私的行為に入れられているのですが、そもそも、国家安寧や国民の幸福を祈願する宮中祭祀を、天皇の私的な行動に入れてしまっていることはその目的や行為の性質を無視しているとも考えられるでしょう。

天皇の財産

> 憲法8条　皇室に財産を譲り渡し、又は皇室が、財産を譲り受け、若しくは賜与（しよ）することは、国会の議決に基かなければならない。
>
> 憲法88条　すべて皇室財産は、国に属する。すべて皇室の費用は、予算に計上して国会の議決を経なければならない。

　世界中で王様と言うと、いかにも財産を沢山持っている贅沢なイメージがあります。しかし、天皇および皇室の財産は**すべて国のもの**です。天皇や皇室に関する費用はすべて国会が決めています。また、天皇が、日常の生活用品など子細なものを除いて、自由にその財産を使用収益処分することはできないのです。このように**天皇は財産権を制限されます**。一国民であれば当然に享受するであろう自由や人権を様々に制限されている中、天皇は国民のために日々祈り、行動し、日本国の国益のために貢献していることがこれらの規定からもよく理解できることと思います。

○ 天皇および皇族の人々は、アルバイトをすることができるか？　そも
　そも、天皇や皇族の人々にポケットマネーはあるのか？
○ 女性皇族は天皇になることはできるか？　天皇は歴史上、どのような
　条件で皇位継承されてきたのだろうか？

コラム──事例から考える　天皇の生前退位

　2019 年 4 月 30 日をもって、天皇は退位し、翌 5 月 1 日に皇太子が天
皇に即位し、元号が平成から令和に変わりました。天皇の生前退位は江
戸時代に光格天皇が退位して以来、約 200 年ぶりとなります。天皇は高
齢とはいえなぜこのような歴史的決断を下したのでしょうか？　そもそ
も天皇は日本国憲法上、リタイアすることができるのでしょうか？

憲法 5 条　皇室典範の定めるところにより摂政を置くときは、摂政は、
　天皇の名でその国事に関する行為を行ふ。この場合には、前条第一項
　の規定を準用する。

　日本国憲法の前提は、天皇は即位後、崩御する（亡くなる）まで終身、
天皇であるというものです。その根拠として、憲法は天皇が幼少であっ
たり、体調を崩したり何らかの理由で国事行為を行えなくなった場合に、
摂政という地位を設け、摂政が代わりに国事行為など天皇の仕事を行
うとしています。したがって、憲法上、天皇は生前退位をせず、高齢を
理由に皇太子を摂政にして自らのサポートにあたってもらうことも可能
だったのです。日本国憲法が制定される以前、大正時代の末期には、当
時、皇太子であった後の昭和天皇が病弱な大正天皇の摂政として執務を

行いました。

　しかし、平成の天皇は摂政を設けるという選択肢は用いず、2016年8月にTVで国民に生前退位の意思を示し、生前退位についての国民的議論を求めました。自らのリタイアは自らが決め国民に対して責任を取るという天皇の強い意思が現れていたように思えます。

　天皇の退位についての規定がないことは日本国憲法の欠陥の一つであるとも言えますが、天皇が退位するということの是非やその制度作りについての議論は簡単には結論を出せるものではありません。かといって、高齢の天皇のことを考え、解決策を急ぐ必要があったことから、政府は皇室典範の改正という恒久的な方策を取るよりも、今回の退位のためだけの「特例法」として、天皇の退位等に関する皇室典範特例法（**天皇退位特例法**）を2017年6月に公布しました。

　退位後、天皇は上皇、皇后は上皇后、皇太子は天皇、皇太子妃は皇后となり、皇太子の弟である秋篠宮は皇嗣となりました。

　憲法が天皇を国民統合の象徴としているのに対し、上皇は国民にとってどのような存在になるのでしょうか？　天皇の生前退位が憲法の前提にない以上、上皇の憲法上の位置づけは明確ではありませんが、天皇や皇室全体を象徴としているのが象徴天皇制であると捉えれば、憲法上、上皇の存在に疑義をはさむ余地はないでしょう。しかしながら、憲法改正をして上皇の地位や、天皇の生前退位について、より明確な規定を置くことが望ましいとも言えます。いずれにしても、天皇の生前退位は、1946年に制定された日本国憲法が、高齢化社会という日本の現実に適応できていない側面があることを浮き彫りにしたのです。

第 3 章　人権の制限

> 憲法 11 条　国民は、すべての基本的人権の享有（きょうゆう）を妨げられない。この憲法が国民に保障する基本的人権は、侵すことのできない永久の権利として、現在及び将来の国民に与へられる。

　日本国憲法は、国民が人として生きるのに当然必要な権利を規定しています。それが**人権**であり、日本国憲法の前半部分である「人権編」（憲法10条以降40条まで）に規定されています。人権尊重主義が憲法の基本原理の1つであるとすれば、人権は無制限に認められるのでしょうか？

　ここで気を付けるべきこととして、憲法は人権を最大限尊重する「**尊重主義**」を基本原理としているだけで、人権をどのような時にも100％保障する「**保障主義**」ではないということです。日本人全員が自分の好きなだけ人権を主張すれば、相互に必ず対立や衝突を起こしてしまいます。

　そこで、**公共の福祉**など様々な理由で、人権を制約し、国民相互の利益調整が必要となります。例えば、天皇が財産権などの人権を制限されるように、日本国憲法は、やむにやまれぬ場合にのみ、様々な基本的人権を制限しています。ただし、その制約は最低限であり、制約自体が厳しく制限を受けるのが人権尊重主義の特徴です。本章では日本国憲法がいかなる場合に国民の人権を制限するのか、いくつかの事例を挙げていきます。

1. 外国人

日本国民と外国人

> **憲法 10 条**　日本国民たる要件は、法律でこれを定める。

　日本国民が日本という国家の構成員であるならば、日本国民と言える条件は何でしょうか？　愛国心を持つ人物であるとか、日本を慈しみ、誇りに思い、日本の為に尽くすことのできる人物を国民と言いたいところですが、憲法は国民である条件を法律、すなわち国籍法に委ねています。国籍法は、例えば、出生時に両親のどちらかが日本人である場合や、両親の国籍は不明であるが日本で生まれた場合に、日本の国籍を与えています。また外国籍を持っていたが帰化をした場合にも日本国籍が与えられます。**日本の国籍を持っていない人はすべて外国人**であり、国民とは認められません。

> **憲法 14 条①**　すべて国民は、法の下に平等であつて、人種、信条、性別、社会的身分又は門地（もんち）により、政治的、経済的又は社会的関係において、差別されない。

　憲法 14 条 1 項に規定されているように、国民であれば、法の下にすべて平等であり、人種などで差別されることはないのですが、国民ではない外国人に対する差別は許されるのでしょうか？　国際人権 B 規約 26 条や人種差別撤廃条約を締結している日本においては、外国人でも基本的人権を認められますし、外国人差別は許されません。しかしながら、やむをえない場合には人権が最低限制約を受けます。それはいったいどのような場合でしょうか？

外国人が入国する自由

> 憲法 22 条① 何人も、公共の福祉に反しない限り、居住、移転及び職業選択の自由を有する。
> ② 何人も、外国に移住し、又は国籍を離脱する自由を侵されない。

　憲法 22 条は日本国民が、公共の福祉に反しない限り、どこに住んでもどこに移動しても、あるいは海外に移住しても、日本人をやめることも認めています。それでは外国人はどうでしょうか？　そもそも日本に入国する自由を認められているのでしょうか？

　今や、インバウンド（訪日外国人）3 千万人突破時代と言われるほど、日本は外国人が沢山訪れる国となっています。しかし、だからと言って、外国人が日本に自由に入国できるのでしょうか？　もちろん、日本入国に際してビザを必要とする国もありますが、ビザの有無にかかわらず、最高裁は**マクリーン事件判決**（1978 年）で、「憲法上、外国人はわが国に入国する自由を保障されている者ではないことは勿論、在留の権利ないし引き続き在留することを要求し得る権利を保障しているものでもない」としています。つまり、最高裁は、外国人が日本に入国できるかどうかの自由は憲法上無制限ではないということを明確にしています。

外国人参政権　　外国人に認められない人権として、**参政権**があります。参政権とは、文字通り、政治に参画する権利であり、例えば、国政選挙で一票を投じ、国会議員という公務員を選ぶ権利です。

> 憲法 15 条① 公務員を選定し、及びこれを罷免（ひめん）することは、国民固有の権利である。

憲法 15 条 1 項は、公務員を選ぶ権利とは国民固有の権利であるとしています。たとえ、日本に永住し、税金を納めていたとしても、**国籍を持っていなければ日本人ではありませんから参政権を与えられません**。日本に税金を納めていながら、参政権を持つことができない、国の「決めること」に参加できないということは理不尽ではないかという考えもあります。

しかし、外国人は、国籍を持たない以上、日本という国に亡くなるまで滞在することを前提としていません。外国人は日本をいつでも離れることのできる「通過集団」であり、**日本という国家と運命共同体ではないのです**。つまり、日本という国の運命を左右する選挙に票を投じながら、その後、いつでも日本を出国して日本に戻らなくてもよい。外国人は選挙結果に責任を負う存在ではないのです。例えば、日本に敵対する国の国民が大量に日本に永住し、選挙で投票する権利を持ってしまうと、敵対する国の利益となるように、日本の未来を危うくする方向に舵を切ることもできるのです。国民だからと言って、すべての有権者が結果に責任を負えるほど民主主義が成熟しているのかという疑問は残りますが、憲法 15 条 1 項で参政権がその性質上、国民に限定されていることは明白です。

地方参政権　外国人が国政選挙に参加する権利がないことは明らかですが、より規模の小さい地方自治体の選挙の場合には、外国人にも参政権を認めても良いのではないかと言う考えもあります。

憲法 93 条②　地方公共団体の長、その議会の議員及び法律の定めるその他の吏員（りいん）は、その地方公共団体の住民が、直接これを選挙する。

憲法 93 条 2 項は、知事や市長など地方公共団体の首長や県議会・区議会議員のように地方公共団体の政治家を選ぶ選挙は「住民」によって投票されると規定しています。さて、「住民」に外国人は入るのでしょうか？最高裁は、国政選挙の時と同様に、外国人は地方公共団体の選挙にも投票

することは保障されていないとし、外国人を「住民」とは認めていません。(1995年2月28日最高裁判決)一方で、同判決は園部逸夫判事による傍論で、「地方公共団体と特段に密接な関係のある永住者等の者に法律で選挙権を付与することは憲法上禁止されるものではない」として、在日韓国・朝鮮・中国・台湾人などの特別永住者に地方レベルの選挙権を認める余地があることにも言及しています。この判例は、外国人に「地方レベル」の選挙に投票できる場合があることを認めましたが、なぜ特別永住者だけに参政権を認めようとしたのかという不公平さに対して疑問を残したままです。

　いずれにしても、憲法が外国人に与えている人権の制限として、日本国籍を持たない限りは参政権を持つことができないことは間違いがありません。

2. 公務員

全体の奉仕者　　公務員とはどのような人々を指すのでしょうか？　文部科学省の官僚、外交官、自衛隊員などは国家公務員ですし、市役所の職員、公立学校の教員、消防士などは地方公務員と呼ばれます。日本国憲法は国民である公務員の基本的人権を尊重しますが、一方で、一定の人権を制限します。なぜならば、**公務員は全体の奉仕者**であるからです。

憲法15条②　すべて公務員は、全体の奉仕者であつて、一部の奉仕者ではない。

　全体とは、「国民全体」のことであり、特定の国民の利益のためだけに行動することは認められないということです。もちろん、地方公務員はその地域の住民を主なサービス対象にしているわけですが、それでも1つの県や1つの村のことだけを考えるのではなく、常に日本という国家全体、

主権者である日本国民全体の利益を考えて行動する存在が公務員なのだと、憲法 15 条 2 項は言っているのです。全体の奉仕者である公務員は、その地位の特殊性と職務内容の公共性ゆえに、具体的に 2 つの面で人権の制約を受けます。それが政治活動の禁止と労働運動の制限です。

政治活動の禁止　　公務員の政治活動は、政治的中立性を損なうおそれから禁止されています。そもそも政治とは、民主主義で選ばれた国民の代表である政治家が「決める」ことです。公務員が国民の行う政治に介入するということは民主主義の否定です。また、特定の政党や政治思想に公然と肩入れするのでは、公務員は「全体」ではなく「一部」の奉仕者となってしまいます。最高裁も**猿払事件判決**（1974 年）で、公務員に対する国民の信頼と政治的中立性を守るために、公務員が場所と時間に関係なく、政治活動に関わることは慎まれるべきであるという立場を取りました。

労働運動の制限　　公務員はお給料を上げてもらうべく、ストライキを起こすことはできるでしょうか？　最高裁は**全農林事件判決**（1973 年）で、公務員による争議行為（ストライキ）は、公務を停廃させ国民全体の共同利益に重大な影響を及ぼすおそれがあることから、制限を受けるとしました。この事件で、国家公務員は内閣に対してストライキを起こしました。しかし、国家公務員の給料は、法律や予算で決定されます。すなわち、国会で民主主義によって選ばれた政治家が決めているのです。ゆえに、内閣に対してストライキを行うことは、相手が違います。また、仮に国家公務員が国会に対してストライキを起こしたとしても、「全体の奉仕者」として国民に尽くすべき公務員が、国民の代表の集りである国会を相手にストライキを起こすことは、顧客に賃上げを迫るような「お門違い」です。それゆえ、無制限な公務員の労働運動は国民主権や民主主義という日本国憲法の基本的な考え方に反すると言えます。

フィリピン・政治犯刑務所。マニラ・ケソン市刑務所のバスケットボール・コートで眠る受刑者の様子（2016年7月21日、時事＝AFP）。日本の在監者たちよりもはるかに過酷な人権の制限を受けている。

3．受刑者

　刑務所などの刑事施設に入っている受刑者たちも人権の制限を受けます。罪を犯して刑務所に入れられたのだから、人権を制限されて当たり前と思うかもしれません。

　しかし、受刑者も日本国籍を有している者であれば日本国民には変わりがなく、その人権は憲法14条1項に基づき、差別されることなく最大限尊重されるべきです。やむを得ない人権の制限として、例えば受刑者が刑務所から家族や友人に宛てて送る手紙の内容を刑務所の職員が確認する行為があります。これにより、脱走や新たな犯罪が発生する危険を防ぐことができるので、受刑者に対する必要最低限な人権の制限と言えましょう。また、刑務所における携帯電話の使用も、同じ理由で禁止されていると言えるでしょう。

4．未成年

　成人年齢に達していない人を未成年と言います。いわば権利を与え義務を負わせるには未成熟な人間である未成年と社会の両方を守るために、憲法は、民法などを通じて、未成年の人権や自由に対して様々な制限を正当化しています。

　日本では民法4条の規定により、20歳をもって成人としてきましたが、近年、民法4条が改正され、2022年4月1日より成人年齢は18歳とされることになりました。18歳未満の未成年は、選挙に投票する権利も持っていませんし、結婚もできません。さらに成人したとしても、20歳までは飲酒も喫煙もできないのです。これらは、皆、未成年の健康や生活の安全、ひいては社会秩序を守るための規定であり、憲法が許容する人権の制限なのです。

Discussion テーマ

○　会社などの法人（人間ではないが、民法などの法律上の人格を認められ、権利や義務の主体となりうる資格を与えられたもの。人同様、契約などの法律行為を行う）やAI（人工知能）に人権は存在するか？　人間と比べ、どのような制限を受けるのであろうか？

○　亡くなった人（故人）に人権は存在するか？　名誉毀損などのことを想像してみよう。亡くなった人を侮蔑することは、亡くなった人の名誉や評判を傷つける行為として法的に争えるのか？　そして、残された遺族に対する名誉毀損として扱われるのか？

年齢による人権制限

　年齢が若すぎることを理由に、未成年に対する人権の制限が憲法上許容されるのであれば、**高齢者に対して、人権を制限することは認められるのでしょうか？**

　現在の日本には高齢者の人権を制限する法律は存在しません。例えば、自動車運転免許の自主返納制度を設けてはいますが、義務ではないのです。たとえ認知症と診断された人が運転免許の取消しまたは停止の申請を行わなかったとしても、処罰の対象となることはありません。万が一事故などを引き起こしてしまった場合にやっと運転免許の取消しまたは停止申請していなかったことを問われることがあります。つまり、高齢者だからと言って自動車の運転を禁止されることはないのです。

　しかし、誰しもが歳をとると、身体能力が衰え、判断能力が鈍ってきます。現に最近は毎年のように、高齢者の運転による悲惨な交通事故で、何の罪もない人々が巻き込まれ犠牲になっています。例えば、2019 年 4 月 19 日に、東京の池袋で、87 歳の男性の運転する乗用車が暴走し、歩行者らを次々とはね、はねられた母娘が死亡、約 10 名が重軽傷を負うという痛ましい事故が発生しました。高齢者の男性は当初、「アクセルが戻らなかった」と主張していましたが、ブレーキとアクセルの踏み間違えが疑われました。この事件においては、男性が両手に杖をつくほど足が不自由で、かつ、認知能力に疑いがあるほどの高齢者であったことも衝撃を与えましたが、何よりこのような高齢者を平気で運転させていた周囲の無責任さにも怒りを禁じえません。

　内閣府による 2016 年の統計によれば、75 歳以上の自動車運転者の死亡事故の発生件数は、75 歳未満と比較して、（自動車免許人口 10 万人当たりの件数が）2 倍以上多く発生しています。これに対して、高齢者にも未成年同様、自動車の運転を禁止して、運転免許の返納義務などの人権制限をしてもよいのではないかという考えもあります。運転免許証

は様々な場面で身分証明に必要なので、返納後も、運転経歴証明書という免許証と同形のカードを保持することはできます。特に地方では自動車がないと不自由な地域があることも事実ですが、地方自治体が高齢者にタクシーや送迎サービスを用意したり、家族の責任において高齢者をケアすることが基本でありましょう。

　高齢者の無謀な運転により罪もない国民が亡くなったり、けがをすることは、人権の濫用以外の何物でもないように思えます。たとえ自分たちには不利益でも、相応の理由があれば人権を最低限制限することを甘受しようとする高齢者もいるはずです。国会は、国民の利益を考え、何らかの基準を設けて自動車運転免許を強制的に取り消したり停止できるように、法律の改正を早期に検討するべきでありましょう。

第4章　信教の自由と政教分離

憲法20条①　信教の自由は、何人に対してもこれを保障する。いかなる宗教団体も、国から特権を受け、又は政治上の権力を行使してはならない。
②　何人も、宗教上の行為、祝典、儀式又は行事に参加することを強制されない。
③　国及びその機関は、宗教教育その他いかなる宗教的活動もしてはならない。

　　日本国憲法は、20条で「信教の自由は、何人に対してもこれを保障する」と規定しています。日本人は元来、宗教に対して寛容で、あまりこだわりを持たないと言われています。

　　例えば、大みそかにお寺で除夜の鐘をついた直後、お正月に神社へ初詣に行き、テーマパークでイースターやハロウィンのイベントに参加し、クリスマスを祝うという日本人の行動は、キリスト教やイスラーム教、ユダヤ教などの一神教を信じる外国人には不思議に思われるかもしれません。このように、日本では日常生活において宗教をあまり強く意識することはないかも知れませんが、信教の自由は世界中で歴史上非常に重要な役割を果たしてきた権利であると言っても過言ではないでしょう。

1. 信教の自由

定義　信教の自由とは、**信仰を持つ自由**、**または持たない自由**を言います。信教の自由は、具体的には、信仰の自由と、宗教的行為の自由（宗教儀式などを行う自由や布教を行う自由）、宗教的結社の自由（特定の宗教を布教したり、共同で宗教的行為を行うことを目的とする団体を結成する自由）の3つに分けられます。ここで注目するべきは、誰もが信仰を持つことができるだけではなく、持たなくてもよいという自由を認められていることです。自由には何かを「してよい自由」（積極的自由）と、「しなくてよい自由」（消極的自由）があり、この信教の自由が表しているように、積極的自由と消極的自由は「コインの裏表」のようにセットになっていると理解してもよいでしょう。

制約　信教の自由は、各個人が心の内に持っている限りでは絶対的に保障をされます。しかし、**公共の福祉に反してはならない**という制約があります。つまり、個人の心の問題を超越して、他者との関わり合いを生じる場合には信教の自由に限界が出てきます。

　1995年3月20日に起った**地下鉄サリン事件**を例に挙げましょう。東京の霞ヶ関近辺でオウム真理教の信者が発生させた同時多発テロで、2018年7月にその実行犯や首謀者たちの一部の死刑が執行されたことからも、国民の記憶に新しい事件です。宗教団体であるオウム真理教により、地下鉄車両内で神経ガスのサリンが散布され、乗客および乗務員、係員、被害者の救助にあたった人々にも死者や多数の被害者が出ました。生存したとはいえ、今なおサリンの後遺症に苦しめられている被害者も多くいます。こうした罪もない国民を犠牲にしてまで、オウム真理教という宗教が実現したかった正義とは何だったのでしょうか？　オウム真理教の信者に信教の自由が保障されているとは言っても、宗教の名の下に他者を殺害し傷つけるようなテロを起こしてはならないというのは明らかです。

2. 政教分離の原則

制度的保障　すべての国民に対して信教の自由を保障する。この問題は歴史的には国家と宗教との関わり合いの問題でもありました。**国教**（国家の宗教）という問題です。**日本国憲法には、国教が規定されていません。**日本には歴史的に神道や仏教の信者が多いとは言え、国から他の宗教に優越して特権を受ける宗教団体は存在しないのです。

　日本国憲法に規定されている自由を補強する仕組み（建物で言えば、免震・耐震補強のようなもの）を**制度的保障**と言いますが、信教の自由を補強する制度的保障として、**政教分離の原則**があります。この原則は、前述の憲法20条1項と3項の規定に加え、憲法89条の規定をその根拠としています。

憲法89条　公金その他の公の財産は、宗教上の組織若しくは団体の使用、便益若しくは維持のため、又は公の支配に属しない慈善、教育若しくは博愛の事業に対し、これを支出し、又はその利用に供してはならない。

目的　これらの規定の目的は、**国家の宗教的中立を確保する**ということにあります。**国家と宗教を厳格に分離する**。これが政教分離の原則の定義です。ただし、国によっては、英国のように国教制度を建前としながら国教以外の宗教にも寛容なかたちも存在します。もっとも、日本国憲法は、特定の宗教を信仰する者による政党結成を禁止していません。

問題点　国家と宗教を厳格に分離すると言っても、宗教と伝統（習俗や慣習）の線引きは大変難しい問題です。そもそも「宗教」とは何でしょうか？　**津地鎮祭訴訟**（1971年）において、名古屋高等裁判所は、宗教を「超自然的、超人間的本質（すなわち絶対者、造物主、至高の存在等、なかんず

く神、仏、霊等）の存在を確信し、畏敬崇拝する心情と行為」と定義づけ
ました。しかし、宗教をあまりに広く捉え、政教分離の原則を厳格に狭く
適用してしまうと、国民の感覚に反するような結果となることもあります。

　例えば、
○　土地に建物を建てる際、竣工の前や最中に工事の無事や建築物の安全
　　を願って行う地鎮祭という神道の行事
○　京都や奈良、鎌倉などで、桜や紅葉のシーズンに寺院や神社を宣伝す
　　るのに税金を使うこと
○　市役所の玄関に、正月祝で門松を飾ったり、クリスマスのシーズンに
　　市役所のロビーにクリスマスツリーを置くこと

　これらの行為は憲法が規定する政教分離の原則に反する行為でしょう
か？　国家と宗教の厳格な分離と言っても、その関わり合いを一切排除す
る趣旨と理解することは現実的ではないのですが、国家と宗教の結びつき
がどのような場合に、どの程度まで許されるのか何らかの基準が必要とな
ります。

解決方法　　本章の冒頭に掲げた日本国憲法の条文を見てもわかるとおり、
憲法はこれらの解決方法や基準と言ったものを具体的に定めているわけで
はありません。そこで、何らかの判断基準を憲法に鑑みて考えていかなけ
ればなりません。その判断基準として**目的・効果基準**（米国では**レモン・テ
スト**と言います）があります。これは米国で確立し、日本の裁判所が採用
してきた基準です。

①　国家行為の「目的」（Secular Purpose）が世俗的なものであるか？
②　その主要な「効果（結果）」（Primary Effect）が宗教を振興したり抑圧
　　したりするものかどうか？
③　宗教との過度の関わり合い（Excessive Entanglement）を持つかどう
　　か？

以上の3点を判断し、その行為が政教分離の原則に反しているかどうか
を判断するのです。この目的・効果基準を用いて、地方自治体の行為を政
教分離の原則に違反していないとしたのが、前掲の**津地鎮祭事件の最高裁
判決**（1977年）でした。これは、1965年に三重県津市が主催した津市体育
館の起工式における地鎮祭が、宗教法人である神社の宮司の主宰の下に、
神道の儀式にのっとって挙行され、その挙行費用に公金が支出されたこと
が政教分離の原則に違反するのではないかと争われた事件です。

　最高裁は目的・効果基準にのっとり、

①　活動の目的が宗教的か世俗的か？
②　活動の効果が宗教に対する援助や介入、妨害になっているか？

を判断しました。その結果、最高裁は、**津市が行った地鎮祭**について、そ
の目的は専ら世俗的なもので、その効果は、神道を援助、助成、促進する
ものではないから、**政教分離の原則に違反する**ものではないという判決を
下したのです。

Discussion テーマ

○　政教分離は自由と民主主義を希求する国家の中で絶対的なものであろ
　うか？
○　日本の伝統的な宗教的価値観や習俗、慣習に独自性や美徳はないか？
　（比較例：米国、英国、バチカン、イスラーム諸国、中国、北朝鮮）

　「国内外の状況を真摯に受け止め、この際、私自らの決断として同日（8月15日）の参拝は差し控え、日を選んで参拝を果たしたい」。これは2001年、終戦の日の8月15日に靖国神社を参拝することを明言していた当時の小泉純一郎首相が、中国や韓国、自らが総裁を務める与党自民党の内部からも反発が強まったことを受けて、15日ではなく13日に靖国神社を参拝したときの首相談話です。当時、現役首相の参拝は1996年の橋本龍太郎首相以来、5年ぶりでした。

　また、最近では、安倍晋三首相が行った2013年12月の靖国神社参拝は憲法が保障する信教の自由を侵害し、政教分離の原則に反しているとして、約450名が国や首相らに損害賠償を求めた訴訟もあります。これらはいったい何を問題としているのでしょうか？　日本国憲法で首相も国民として信教の自由を保障されています。内閣総理大臣は、信教の自

靖国神社参拝に臨む安倍晋三首相（2013年12月26日午前、東京・九段北　時事）

由を制限されるということなのでしょうか？

　そもそも靖国神社とは東京の九段北にある神社で、幕末以来、国のために亡くなったすべての戦没者を祀っています。靖国神社は第2次世界大戦で亡くなった軍人だけを祀っている神社ではないのです。

　靖国神社を天皇や首相が参拝する行為について、憲法学者の多数は憲法違反と主張しています。裁判例にも、1985年に中曽根康弘首相が靖国神社に公式参拝をし、供花代金として公費を支出した件に関して、傍論ではありますが、公式参拝が継続して行われれば神道式によらない参拝であっても靖国神社に「援助、助長、促進」の効果をもたらすとして違憲の疑いを表明したものもあります（福岡高等裁判所の靖国神社公式参拝訴訟控訴審判決　1992年）。しかし、結論から言えば、著者は天皇や首相の靖国神社参拝は憲法に違反しないと考えています。

Q1．天皇や首相が参拝するのは特定の宗教を「ひいき」していることになるか？

　前述のように、日本国憲法7条は天皇が行う国事行為を定める規定です。この7条の10号に「儀式を行ふこと」とあり、天皇の国事行為には儀式を含んでいます。また首相にも信教の自由はありますし、首相の伊勢神宮への初詣は伝統行事として認められています。したがって、靖国神社参拝は天皇や首相が特定の宗教を「ひいき」しているのではなく、天皇にとっては国事行為の1つであり、首相にとっては自らの信教の自由に基づいた行為です。同時に、国民の代表である首相としての伝統行事の一環であり、伊勢神宮参拝と性質を同じにする行為であるとも評価できるのです。

Q2．首相が靖国神社に参拝する目的は伊勢神宮初詣よりも宗教的か？

　首相の靖国神社参拝の目的は、幕末以来のすべての戦没者の御霊を弔

い、二度と悲惨な戦争を起こさないと誓うことにあります。これは、宗教的と言うよりは、日本国憲法の基本原理の１つである平和主義を体現しているとも言えるかもしれません。その点においては沖縄全戦没者追悼式や広島・長崎の原爆祈念式典と類似する性質のものと言えます。したがって靖国神社参拝を宗教的ゆえに憲法違反だとするならば、上記の追悼式や祈念式典、鎮魂式なども宗教的であり憲法違反と言わなくてはならなくなります。

Q3. 首相が靖国神社に参拝する効果は神社に対する援助か他の宗教に対する弾圧になっているか？

首相が靖国神社を参拝する際は、自分のお金（公金ではない）を玉串料として納めています（なお、愛媛県知事が玉串料を公金から支出し、靖国神社に奉納した事案に関して、最高裁判所は1997年に「宗教的活動」にあたり憲法違反であるという判断をしています）。もちろん金額だけによって判断されるものではありませんが、例えば、多くの国民がお賽銭として用いる「５円」玉のお賽銭は宗教団体への援助にあたるでしょうか？　他の宗教の弾圧にあたるでしょうか？

天皇は国事行為として、首相は国民の代表として、靖国神社に参拝する。首相や閣僚は公金を使わずに、参拝し、参拝を政治利用しないということが著者の考える解決方法です。

また、政府が靖国神社に祀られている、第２次世界大戦の戦犯とされている人々の分祀などを要求することは、神社に対する不当な介入や、信教の自由の弾圧につながります。首相の靖国神社参拝を批判する海外の国々やマスメディアに対しては、首相自らが、参拝は、真に平和を希求する国民の「誓い」と「願い」であると堂々と発言して参拝すればよいように思います。

第5章　表現の自由と
プライヴァシーの侵害

　思った時に言いたいことを「つぶやく」、ツイッター。美しい風景や友人との楽しい交流を写真に撮影し、ネット上にアップする、インスタグラムやフェイスブック。家族や友人とのコミュニケーション・ツールとして国民の大多数が利用するLINE。こうしたSNS（ソーシャル・メディア）が発展していく前提として、日本国憲法が保障する**表現の自由**があります。

　第2次世界大戦中に、治安維持法によって、「言いたいことが言えない」暗黒の時代をもたらしてしまった反省から、日本国憲法は国民に表現の自由や「知る権利」を保障し、国家による検閲を禁止しました。しかし、表現の自由や「知る権利」の行き過ぎが、一部メディアによる有名人などに対するプライヴァシーの侵害を起こしたり、近年ではSNSによるいじめや犯罪が生じてしまっています。日本国憲法の制定時には想像もできなかった深刻な問題が表現の自由に関して様々なリスクや矛盾を引き起こしているのです。

1. 表現の自由と知る権利

定義

> 憲法21条①　集会、結社及び言論、出版その他一切の表現の自由は、これを保障する。

日本国においては、国民は**言いたいことを言い、描きたいものを描くこ**とができます。これが憲法 21 条 1 項で認められている**表現の自由**です。表現方法がどのようなものであろうと、自分の考えていることや感情を外部に公表する自由とも言えるでしょう。日本国民にとっては当たり前のような規定ですが、海外に目を向けると、北朝鮮や中国やイランなど表現の自由が厳しく制限されている国家もあります。

　また、憲法 21 条 1 項は規定に直接的な表現はないものの、言いたいことを言える、だけではなく**知りたいことを知ること**のできる、いわゆる**「知る権利」**を保障していると言えます。なぜならば、ある表現を受け取る者がいてこそ、情報伝達の過程が意味を持って成立するので、受け取り手が自由に表現や情報を受け止めることのできる状態、つまり知る権利を保障されている状態こそが、憲法 21 条 1 項の前提であるとも考えられるのです。

表現の自由と知る権利の目的　　表現の自由や知る権利は国民が自由に表現をし、必要な情報を得て、それをお互いに共有できるようにするためにあります。国民が正しい情報に基づき判断できることは、民主主義社会の大前提です。

表現の自由と知る権利の制約　　表現の自由や知る権利は最大限保障されるべきですが、同時に、**公共の福祉に反してはならない**という制約があります。また、言いたいことを言って、他人の評判や名声、つまり名誉を傷つけた場合には**名誉毀損**となります。名誉毀損は表現の自由の濫用であり、民法上の不法行為（民法 710 条・723 条。故意や過失によって他人の権利を侵害し、他人に損害を生じさせる行為です）となるだけではなく、その程度が深刻な場合には、犯罪となります（刑法 230 条〜 232 条）。

2. 検閲の禁止

> 憲法 21 条② 　検閲は、これをしてはならない。通信の秘密は、これを侵してはならない。

　政府などの公権力により表現の自由を制限されることの1つに検閲（けんえつ）があります。公権力が、国民の表現したもの（著作物や絵や写真やスピーチなど）を事前にチェックしたり、国家にとって不都合なものの出版を禁止するなどの介入をすることは検閲とされ、憲法 21 条 2 項により厳しく禁止されます。検閲は**表現の自由の事前抑制**という効果を持ちます。特定の思想弾圧につながったり、ある表現が世の中に出る可能性を絶つことで表現の自由を委縮させてしまうことから、検閲は禁止されているのです。

　ただし、重大な公益に対する**明白かつ現在の危険**があり、その規制が不可欠な場合には、国家による表現の自由に対する介入が正当化されることがあります。例えば、猥褻（わいせつ）や暴力的な映画は未成年者に対して悪影響があるので R 指定などの規制を受けます。

　また、最高裁は**北方（ほっぽう）ジャーナル事件判決**（1986 年）で、出版物が個人の名誉を著しく毀損するおそれがある場合に、個人からの請求を受け、裁判所は出版社に対してその出版物の事前差止め（出版社が出版する前に裁判所がその出版を禁止すること）を認めています。この場合、**裁判所による事前差止めは検閲にあたらない**という考えです。

　とはいえ、事前差止めは表現の自由の事前抑制という効果を持つことには変わらないので、厳格かつ明確な要件のもとにおいてのみ、裁判所による事前差止めが正当化されるとしています。すなわち、裁判所による事前差止めは、ある**表現の内容が真実でなく**、または、**表現が公益目的のものではないことが明白**であり、**被害者が重大で著しく回復困難な損害を被るおそれがあるとき**に限るとしたのです。

教科書検定は検閲になるか　　次章にも関わる話ですが、学校教育法は、小学校から高校までの学校で用いられる教科書はすべて文部科学大臣の検定を経た教科用図書でなくてはならないというように定めています。これを教科書検定制度と言います。この教科書検定制度を、国家による検閲行為であるとして憲法違反だと主張する意見もあります。

　しかし、そもそも、教科書とは、小学校の児童や中学・高校などの生徒が授業において用いるものです。次章でも言及される、初等中等教育における中立性の維持や教育の質の確保という目的に鑑みても、また、児童・生徒への誤った・偏った情報に基づく政治的洗脳を防ぐためにも、国家が教科書を検定することは正当な行為であると言えます。しかも、ある図書が仮に教科書検定に合格しなかったとしても、検定後に一般市販図書として自由に出版できることから、憲法 21 条に違反するとは言えないでしょう。最高裁判所も**第 3 次家永教科書訴訟判決**（1997 年）において、このような立場をとっています。

3．通信の秘密

　日本国憲法 21 条 2 項は、**通信の秘密**が侵害されることを防いでいます。ここでいう通信とは、電話やメールなどのコミュニケーションです。これは国家により通信の秘密が侵されることがないようにということだけではなく、第三者によって通信の秘密が侵害されることがないということをも意味しています。

4．プライヴァシー権と肖像権

　憲法 21 条 2 項は国民の通信（電話や手紙、電子メール、SNS など）の秘密も侵されてはならないとしています。この規定には直接的な文言は存在していませんが、プライヴァシー権と肖像権の 2 つの権利が間接的に派生さ

れます。

プライヴァシー権　誰にでも知られたくない秘密はあるでしょう。国民には**自分だけの秘密を守る**、プライヴァシーを守る自由がありますし、これは**自由主義社会の大前提**です。例えば、あなたが政治家や有名人だったとして、マスメディアが「国民の利益」を盾にして、表現の自由と知る権利の行使として、家族にも知られたくないような秘密を見つけて、暴露したとします。憲法はあなたを守ってくれるのでしょうか？　これが**プライヴァシー権**の概念です。日本国憲法上、プライヴァシーの権利を保障する明確な規定はないですが、憲法 21 条 2 項から派生させて保障をしています。つまり、検閲を防ぎ、通信の秘密を侵されないという規定を用いて、プライヴァシー権を保障しているのです。

プライヴァシー権の制約　プライヴァシーの権利は他の基本的人権と同様に、無制限ではありません。プライヴァシー権よりも知る権利の方が優先されることもあります。例えば、有名人や公的な立場にある人物は、その人物の社会的影響力を考えて、多少のプライヴァシーの侵害については甘受しなくてはなりません。

　ただし、メディアなどによる程度を越えた知る権利の行使は、権利の濫用となります。もし、公的な立場にある人物のプライヴァシーの侵害が甘受されるべきならば、そうした人物の配偶者や子どもなどの家族のプライヴァシーはどうなるのでしょうか？　例えば、犯罪者の家族までプライヴァシーを侵害され、あたかも犯罪者の家族も犯罪者であるかのように報道されてしまうと、家族の人権が侵害されます。これについても、その人物の家族に社会的影響力があるかどうかで判断されるべきでしょう。

肖像権　プライヴァシー権と同様、憲法上に規定はありませんが、21条から派生される重要な権利であるものに、肖像権があります。名誉や秘密と同様、国民の顔や身体などを撮影した写真やイメージは守られるべきです。SNS が発達する今日、自分の知らないところで自分の顔写真が

SNS、ツイッター・アプリ（dpa/ 時事通信フォト）

インターネットを通じて世界中へ無制限に拡がる危険性があります。これについても、その人物が公的な立場にある場合は、多少は甘受せざるを得ませんが、甘受される程度がその人物の「好き嫌い」や感覚によって異なるため、法的基準が曖昧であることが課題です。

　そこで、解決策としては、例えば、写真週刊誌などのメディアは、写真を掲載する前に可能なだけ本人に確認をして、肖像写真を掲載することを出版前に伝えるようにすることが肝要でしょう。

Discussion テーマ

○　会社など、組織において、社員の社内メールをチェックすることはプライヴァシーの侵害となるか？　もし正当化するならばどのような理由が考えられるか？

○　テレビや雑誌記事などにおいて、有名人の卒業アルバムの写真などに映っている同級生の目に黒線がひかれていたり、顔がぼかしてあることがあるのは何故だろうか？

ＳＮＳの発展と憲法21条

　1990年代からインターネットなどの技術革新が進み、世界は急速な情報化社会に変貌を遂げました。特に近年、SNS（ソーシャルメディア）が発達すると、情報の担い手はメディアから世界中の一般人へと変わり、情報の拡散も瞬時に起こる時代へとなりました。

　例えば、テレビのニュース番組においても、災害や事故などで「視聴者提供」の動画や情報に依存して報道をするようになっています。これは情報のスピード化、真実を報道するための情報ソースとしてのメリットを与える一方で、フェイク・ニュースやフェイク動画といったデマ情報やねつ造された動画が、深刻な人権侵害や社会混乱を引き起こす危険も伴っています。日本国憲法21条は、SNS時代の世界にどのように国民の利益と安全を保障していけるのでしょうか？

　日本で人気のあるSNSというと、**ツイッターやインスタグラム、FacebookやLINE**などが挙げられます。

　老若男女を問わず、人々が自分の思ったことを表現し、好きな写真を共有し合い、情報を交換するツールとして、SNSは間違いなく社会を豊かにしています。

　同時に、SNSは憲法が制定された1946年には想像もつかないほど、複雑で深刻な問題を引き起こしています。例えば、**リベンジポルノやLINEいじめ**などは、国民の人権を侵害し、程度が悪い場合には人の生命をも奪う事態を引き起こしています。

　また、**差別用語やヘイトスピーチ**は価値観が多様化する社会（**ダイバシティ社会**）に対する脅威ですし、社会秩序を乱す、つまり、公共の福祉に反する行為として憲法によって規制されるべき対象となるでしょう。

　SNSの適正な利用方法を学校教育などを通じて徹底することで、SNS

を危険な道具ではなく、個人の可能性を拡大させる便利なツールとして
安全に利用できるようにする必要があります。

第6章　学問の自由と義務教育

　日本の識字率の高さは江戸時代から世界随一を誇っていたように、教育熱心な国民気質が日本の近代化および戦後復興を推進してきたと言えましょう。第2次世界大戦中、軍部は学徒動員を行い、本音ではもっと勉学に励みたかったであろう多くの学生たちを戦争へと送り込みました。また、教育の現場にも軍部の介入が盛んに行われました。その反省から、日本国憲法は、学問の自由を明確に規定しているとともに、教育を受ける権利や義務教育を憲法の規定に盛り込んでいます。グローバル化とICTが発達する今日において、シンガポールなどのアジア諸国が教育に投資と改革を行い、世界を牽引するような若い人材を輩出している中、日本でも他国に負けぬように大胆な教育改革の必要性が唱えられています。憲法は日本の教育の発展にどのように貢献することができるのでしょうか？　本章では日本国憲法と教育について考えていきます。

1. 学問の自由

定義

> 憲法23条　学問の自由は、これを保障する。

　学問の自由とは、「研究・発表をして、教授する自由」と定義づけられます。学問をすることは文明の進歩につながり、日本国憲法の重要な目的

である「国民の幸福の追求」に役立つことから、このような規定が存在していると言えましょう。

大学の自治　　学問の自由についての規定は、非常に短く抽象的です。「学問の自由は、これを保障する」という短い文言でも、憲法は具体的にどのように学問の自由を保障していくのでしょうか？　そこで**学問の自由を補強する制度的保障**として、**大学の自治**という考え方があります。

学問の自由の程度の違い　　大学以上の高等教育と高校以下の初等中等教育の大きな違いとして、**学問の自由の程度が異なる**ということが言えます。
　例えば、前章でも言及されたように、高校以下は教科書検定制度に従い、文部科学大臣の検定を経た書物のみが教科書として認められますが、大学はいかなる書物も教員の裁量と責任で教科書となります。また、教育基本法14条2項により、高校以下では、教員が「特定の政党を支持し、又はこれに反対するための政治教育その他政治的活動」をしてはいけませんが、大学ではその教員の責任の範囲内において広範な政治的発言の自由が認められています。
　これらの理由としては、大学は初等中等教育と違い、学生の側に**学問的批判能力**があるからだと言えます。未成年のみによって構成されることを前提とする高校生以下は、教員の言うことをうのみにしがちですし、政治的洗脳の危険もあります。そこで、国家がしっかりと教育的中立性を保持しなくてはなりません。したがって、大学の自治はあくまでも大学であり、「学校の自治」にはなりえないのです。

学問の自由の制約　　学問の自由も大学の自治も無制限に認められるわけではありません。
　例えば、学問の自由を濫用した学生や教員による大学に対する暴力的活動およびその計画は許されません。最高裁は**東大ポポロ事件判決**（1963年）で、大学内において公開で行われた政治集会に私服警察官が来ていたことについて、「学生の集会が真に学問的な研究またはその結果の発表のため

東大ポポロ事件・学生と警官のつかみ合い（1952年3月15日　毎日新聞社/時事通信フォト）

のものでなく、大学の自治に対する介入とはならない」としました。**大学の自治の主体はあくまでも大学**であり、学生ではありません。また、大学の施設管理権を持つのは学生ではなく大学です。なぜならば、大学生は入学から卒業までの期間に、学費を支払っている間にしか大学に所属しない「通過集団」だからです。日本においては多数の教員が定年まで勤務することを前提としているのに対し、学生は大学に対して長期間にわたり責任があるわけではないのです。したがって、大学の自治は必ずしも「学生の自治」ではないのです。また、学問の自由をふりかざし、科学的根拠のないことを世に発表する、虚偽の情報を言うことは研究者として許されません。

大学の自治と教授会　　大学の自治の主体が大学であるならば、実質的にその意思決定機関は大学の理事長など大学の設置者・管理者（国家や学長、理事会など）か、それとも各学部に置かれる教員の集まりである教授会か、それともその両方なのか、という意見の対立があります。日本は米国などに比べて大学における教授会の権限が強いと言われます。教授会の存在意義は、教授会が教員人事や学生の処分など大学に関する様々な物事を合議

（大多数の議事が全会一致を原則とする）で決めて、大学の外部からの干渉を防ぎ、学問の自由を守るということです。

　しかし、教授会の権限が強すぎて、大学の意思決定が遅れたり、個々の研究者の人間関係や感情が決定過程に反映されてしまい、場合によっては若手研究者に対するパワハラや、かえって学問の自由を妨げる事例が生じていることも事実です。近年の教育改革の流れに教授会が追い付かず、意思決定が滞るせいで海外の大学に対する日本の大学の競争力が落ちたり、日本の大学が急速にグローバル化する社会の中で「ガラパゴス化」していくという弊害も否定できないところです。

　日本の大学が、欧米や他のアジアの大学のようなスピーディーで時代に応じた意思決定を下していくには、この教授会制度というものにメスを入れ、理事会や学長の権限と責任を強める、または、教授会における全会一致の意思決定制度を改めていく方向性も考えられるでしょう。

2．教育を受ける権利と義務教育

憲法26条①　すべて国民は、法律の定めるところにより、その能力に応じて、ひとしく教育を受ける権利を有する。
②　すべて国民は、法律の定めるところにより、その保護する子女に普通教育を受けさせる義務を負ふ。義務教育は、これを無償とする。

　日本国憲法は学問の自由に加えて、国民が**教育を受ける権利**を保障しています。また、国民が経済的な豊かさに関係なく、全国一律（普通教育）最低限の教育を受けることで、日本国民の質（人格と知性）を維持することを目的に、**義務教育**を規定しています。この教育を受けさせる義務は、勤労の義務や納税の義務と合わせて、国民としての**三大義務**のうちの１つと位置づけられる、重要なものです。

ここで、まず、問題となるのは、義務教育は国家の義務か、親の義務か、子どもの義務かという、義務の主体や、教育権の主体の問題です。憲法26条2項を読むと、子どもに普通教育を受けさせる義務と読めますので、義務教育は少なくとも子どもではなく国家や親の義務と考えることができます。最高裁は**旭川学力テスト事件判決**（1976年）で、**教育権の主体は国家と国民の両方である**としました。そもそも、教育観は各家庭で異なるものですし、国家がどの程度まで学校教育に加えて家庭教育に介入できるのでしょうか？　この範囲は非常にあいまいなままです。いずれにしても、義務教育は、教育を受ける子どもの義務ではなく、子どもに教育を受けさせる**親や国家の義務**なのです。

　また、最高裁は、**義務教育教科書費国庫負担請求事件**（1964年）判決において、義務教育はあくまでも授業料だけが無償なのであるとしました。つまり、給食費や制服代、遠足・修学旅行などの諸費用は親が負担しなくてはなりません。義務教育だからといって、完全な「タダ」ではないのです。

私学助成　国や地方公共団体が私立学校の設置者（学校法人）や私立学校に在学する者（未成年の場合はその保護者）に対して支給する補助金を、私学助成と言います。この私学助成が憲法89条に違反するという学説もあります。

> **憲法89条**　公金その他の公の財産は、宗教上の組織若しくは団体の使用、便益若しくは維持のため、又は公の支配に属しない慈善、教育若しくは博愛の事業に対し、これを支出し、又はその利用に供してはならない。

　私学助成憲法違反説の主たる根拠は、私立学校は「公の支配に属しない」教育事業であるから、これに対して公金、すなわち税金に由来する補

助金を支出することが憲法89条に違反するというものです。たしかに、憲法89条の文言を抽出すれば、このような解釈を考えることもできます。

　しかし、私立学校は本当に「公の支配に属しない」教育事業なのでしょうか？　私学助成が支給される条件は大変厳しいものです。例えば、私立学校が定員などを満たしているかなど詳細にわたる支給基準や、私立学校の財務状況のチェックなど、私立学校は文部科学省などの監督に服します。まさに私立学校は「公の支配に属している」のです。したがって、私学助成は憲法違反ではないと言えますし、政府も1975年の私立学校法改正以降、私学助成を憲法違反ではないとしています。

　一方で、2003年に小泉内閣のリーダーシップの下、規制緩和政策として施行された構造改革特別区域法に基づく、**株式会社やNPO法人が設置する大学や学校に対しては、「公の支配に属しない」教育事業なので、私学助成が支給されません。**

Discussion テーマ

○　校則は学問の自由とどのように関連づけられるか？

○　義務教育が親や国家の義務であるとすれば、憲法上、子どもには、教育を受ける義務がないので、小学校や中学校を好きなだけ休んでも良いのだろうか？

高等教育無償化

　近年、義務教育の9年間や、すでに無償化が実現されている高校3年間のみならず、大学・大学院までを無償にするべきではないかという「高等教育無償化」の議論がなされています。この無償化は「言うは易し行うは難し」で、何よりその**財源が最大の課題**となります。つまり、我々の税金から教育無償化をまかなうからです。

　少子高齢化が進む今日、人口比だけを考えれば、より人口の多い高齢者の福祉に充てる予算の方が、より少ない子どもの教育に充てる予算よりも重要ではないかという声も出ています。しかしながら、子どもは未来の日本の担い手です。より多くの子どもたちに高度で多様な教育を受けさせる機会を与えることが理想ではあります。

　だからといって、国民全員が大学や大学院を卒業しなくてはならないのでしょうか？　社会が少子高齢化で労働力不足ならば、より早く子どもを社会に働かせるべきではないかという意見もあります。子どもを高校卒業後にそのまま働かせるのではなく、大学や大学院でさらに高度な教育を受けさせようとする理由は、大学や大学院に入ることが子どもたちの未来にとってそれだけ意義のある、価値のあることであると国家が考えるからです。

　たしかに、例えば高等教育を無償化し、勉強すれば誰もが大学や大学院に入れる時代となれば、より高度な知識を得て社会に貢献することができるかもしれません。一方で、学力に無関係にすべての学生が、どこかの大学や大学院に入れてしまうのでは、学生の質が劣化し、大学の質も下がる危険性があります。

　また高等教育を無償化したら学生はアルバイトをせず、学業に集中するのかというと、これについても疑問符が点滅します。学生はアルバイト体験を通して、自らの視野を拡げたり、人脈を築いたり、自分が卒業

後に就職したい企業や業種のイメージを明確にできるので、著者は学生のアルバイト体験を一概に否定するわけではありません。また、アルバイトをして得たお金で、海外留学に出かけたり、自分への投資や趣味を深めることは意義深いことでしょう。

　しかし、学生に授業料を払わせない無償化の意義は、あくまでも学生に「お金の心配」をさせないためだと考えられます。すなわち、国家が、労働をしなくても学業に集中できることが「プロフェッショナルな学生」となるのに必要な環境であると考えたから、教育無償化という発想が出てきているわけです。それにもかかわらず、学生にアルバイトをさせる余地や必要性が残ってしまうということは、大学教育の質や価値が無償化という理想に追いついていないのではないかと著者は考えます。高等教育を無償化するからには、日本の大学や大学院が、同じアジアのシンガポールや中国・韓国などの国々の大学や大学院に比べて、毎年、世界大学ランキングでほとんど上位に入ることができていない現実を直視しなければなりません。高等教育の名にふさわしい質や環境を整えることが急務であると思われます。

第7章 婚姻の自由と男女平等

　我が国において、職場や家庭などの様々な局面において男女平等が実現してきたのは戦後、特に21世紀に入った近年と言っても過言ではありません。日本国憲法は24条で両性の平等を唱えているとともに、すべての男女に、一度しかない生涯において一番好きな人と結婚をすることができるような自由を与えています。それが婚姻の自由です。しかし、婚姻の自由にもいろいろな制限が加えられるとともに、世界中でLGBTの権利が声高に主張されている中、憲法が前提としてきた婚姻のイメージが大きく変わりつつあります。

1. 婚姻の自由

男女の合意

> 憲法24条① 　婚姻は、両性の合意のみに基いて成立し、夫婦が同等の権利を有することを基本として、相互の協力により、維持されなければならない。

　日本国憲法は国民が生まれながらにして有している人権の1つとして、**婚姻の自由**を定めています。これは、国民が一定の年齢になり、**男と女が同意すれば夫婦になれる**ということです。ここで、憲法は婚姻とは「**両性の合意のみ**」に基づいて成立するものであると規定していることを忘れてはなりません。男と男でも、女と女でもなく、男と女なのです。「合意」

という文言から、**婚姻の自由の決め手は、本人の自由な意思である**ということがわかります。つまり、婚姻の自由とは、男であろうが女であろうが、**好きでない人と結婚しなくても良い自由**とも言えます。戦前の大日本帝国憲法には婚姻の自由についての規定はなく、家庭や職場の事情により好きでない人と結婚させられる国民も数多くいたということに対する反省から設けられた規定です。誰と結婚するかは個人の自由であるという発想は**自由主義・個人主義**の日本国憲法ならではの発想でしょう。

夫婦の義務　　憲法24条1項が婚姻の自由だけではなく、義務も規定していることは重要です。憲法24条1項が、相互協力維持を夫婦の義務にしたことに加えて、民法752条に、**夫婦には同居義務と相互協力扶助義務**があることが明記されました。別居婚が憲法上の義務違反であるならば、仕事の関係で単身赴任をし、夫婦バラバラで生活をしているようなカップルは「義務違反」と言えるのでしょうか？　これについてはやむを得ない事例であり、義務違反とならないものであると理解されています。

婚姻の自由に対する制約

> 憲法24条②　配偶者の選択、財産権、相続、住居の選定、離婚並びに婚姻及び家族に関するその他の事項に関しては、法律は、個人の尊厳と両性の本質的平等に立脚して、制定されなければならない。

　婚姻についての規定は、主に民法の家族法部分に規定されます。婚姻の自由は基本的人権ではありますが、様々な制約が付せられます。例えば、民法731条に婚姻年齢が規定されており、国民は一定年齢に達するまで婚姻はできません。ちなみに、民法731条は改正され、2022年4月1日より、男女ともに18歳以上になれば、婚姻ができることになりました（従来までは男18歳、女16歳以上という制限になっていました）。

　また、日本では**重婚が禁止されており**（民法732条）、イスラーム諸国の

ように一夫多妻制は認められていません。また、**一定範囲の親族間における結婚は禁止**されます（民法734条から736条）。

法律婚主義　　日本は婚姻の届け出（**婚姻届**）を行わなければ、夫婦として認められない**法律婚主義**を取っており、単なる同棲では夫婦として扱われないのです（民法739条）。

　一方で、日本には、婚姻届は提出していないものの、実際には夫婦同然の生活を送っている、いわゆる**事実婚**のカップルも存在します。つまり、婚姻届を提出しているかどうかが、法律婚と事実婚の違いです。法律婚のカップルであれば、配偶者控除や、配偶者を保険金の受け取り手とした生命保険料の控除など税金の優遇措置を受けることもできます。また、法律上の夫婦ではないカップルの子どもは「非 嫡 出 子」として扱われます。法律婚の方がメリットがあるように思われますが、婚姻をしたら夫婦のどちらかが姓を変えなくてはならないことをデメリットと考える人たちもいます。**日本では夫婦別姓の制度が存在しない**ので、法律婚主義により、婚姻すると、特に女性が姓を変えなくてはならない傾向があることを時代に合っていないものであると批判する声もあります。

　しかしながら、夫婦別姓を選択できるようにしてしまうと、別姓カップルの子どもは両親のどちらかと姓が異なってしまうということになります。これが家庭内、特に子どもに与える複雑な問題や心理的ダメージについて、夫婦別姓制度をとなえる人々は説得力を持った解決方法を提案できていない現状にあります。

2. 男女平等と再婚禁止期間

> 憲法14条① すべて国民は、法の下に平等であつて、人種、信条、性別、社会的身分又は門地により、政治、経済的又は社会的関係において、差別されない。

　憲法14条は、人種や信条、社会的身分、門地による差別を禁止していることに加え、男女平等を規定しています。また、憲法24条2項は**両性の本質的平等**という文言を含有していますし、憲法44条も、国会議員や投票をする人（**選挙人**）における男女平等を明記しています。

　したがって、男だから、女だからと言って、性別に基づく価値的判断をすることは憲法違反です。戦前は民法が妻を無能力者のように扱ったり、刑法が夫は適用されない姦通罪（不倫に対する罪）を妻だけに適用しているなど、明らかな男女不平等を法律が認めていました。その反省から、憲法は民法・刑法などの法律の「王様」として、男女平等を日本国において徹底させていくべきものにしているのです。

　しかし、人間が、男女という**生まれながらの肉体的な差異**を有していることは事実です。このような肉体的な差異をも無視して、我が国における全ての事柄において男女平等を徹底するがために、例えば男の大学生にミニスカートを履かせ、高校野球の女子選手にスポーツ刈りを推奨したりすれば、違和感を覚えざるを得ないでしょう。したがって**男女「差別」と男女の「差異」は異なる概念**であることを理解しなくてはなりません。法律が、男性に対する肉体的差異に基づき女性を保護する例として、産前産後の休業期間（労働基準法65条）や妊産婦などが就業制限を受ける業務の存在（労働基準法64条の3）などが挙げられます。これらは、決して憲法に反するような男女差別規定ではないのです。

再婚禁止期間

　男女差別か、それとも正当とされる男女の差異に基づく規定かが議論されるものとして、一定の要件に該当した場合、**女性には再婚禁止期間**があります（民法733条）。2016年に民法が改正され、再婚禁止期間は離婚または婚姻取消しの日から起算して6か月ではなく、100日に短縮されました。これは、子どもの父親が誰であるのかを明確にする、**父性推定の混乱防止を目的とした規定**です。

　しかしながら、DNA鑑定など、この規定が作られた1898年当時よりも医療技術が進んでいる今日においては、もはや再婚禁止期間は必要のない規定であり、不当な女性差別ではないかと言う意見もあります。現に、2019年7月22日に、法務省の有識者研究会は、離婚もしくは婚姻取消しの日から300日以内に生まれた子どもを元夫の子どもとみなす規定（民法772条）を見直す提言を出しました。この提言によれば、離婚後300日以内に生まれた子どもについては、出生時に母親が元夫以外の男と再婚していた場合などは、元夫の子どもとはみなさないとされています。

　また、婚姻から200日経過後に生んだ子どもを現夫の子どもとする規定については、子どもの法的地位の安定のためにも、200日以内に誕生した場合も現夫の子と推定すべきだとしました。このような民法772条の改正が実現すれば、元夫と現夫の推定期間が重ならないようにするための再婚禁止期間も、重複がなくなるために不要となるでしょう。男女の差異による女性の保護措置が適切になされつつ、必要のない男女区別は速やかに排除され、男女平等が徹底されるべきです。

男女別学は憲法違反か？

　近年、男女共学の教育機関が増加している一方で、日本では、私立学校を中心に男女別学の小学校、中学校、高校や大学なども存在しています。これら男女別学の教育機関について、憲法14条1項に違反しているのではないかと主張する人々もいます。例えば、前章で述べたように、私立学

コソボのプリシュティナで開催された第 3 回プライドパレード。何百人もの参加者が LGBT コミュニティの自由と平等の権利を求めて首都のメイン広場を行進した。（2019 年 10 月 10 日　EPA ＝時事）

校も税金を基にした補助金（私学助成）を得ていることから、私学の男子校や女子校に私学助成を与えることは憲法 14 条 1 項に違反する男女差別に税金を悪用することになるのではないかと言うのです。

　しかし、憲法 14 条 1 項は不合理な男女差別を禁止しているのであり、男女別学は、合理的な教育目的の下、男女別学を志向して入学する生徒や保護者の理解に基づき運営・維持されているわけです。**したがって、男女別学は憲法違反**ではありません。そもそも、男女別学のメリットとして、例えば、小学校や中学校、高校、大学という一定の期間、異性の目を気にすることなく、勉強や部活動などに集中することができるということが挙げられます。

　また、男女別学では、男性と女性という性別に基づく役割分担ではなく、各人がそれぞれの個性や適性に応じて自立心やリーダーシップを持たないと学園祭や運動会などの学校行事が運営できないため、「男だから」、「女だから」という判断基準ではなく社会的役割を担おうとする考え方が自然と育成されます。これこそ、まさに憲法 14 条 1 項が期待する「真のジェンダーフリー」と言えます。男女別学は日本以外にも欧米や中東、他のア

ジアの国々などにも存在します。男女別学という発想は決して、日本の保守的な時代遅れの発想ではないのです。むしろそうしたレッテル貼りや男女別学は憲法違反であるという主張は、男女別学の教育意義に理解を示し、それが良いと思って入学する子どもたちや、入学させる保護者に失礼であり、男女差別を曲解した意見であると言わざるを得ません。

Discussion テーマ

○　夫婦の相互協力扶助義務に違反しているかどうかを判断する基準とは何か？

○　なぜ日本は法律婚主義をとっているのか？　夫婦の利益のためか？子どもの利益のためか？　それとも社会の安定のためであろうか？

LGBT と婚姻の自由

　LGBT とは、レズビアン（Lesbian）・ゲイ（Gay）・バイセクシャル（Bisexual）・トランスジェンダー（Transgender）の各単語の頭文字を組み合わせた呼び方です。レズビアンとは、女性同性愛者、ゲイは男性同性愛者、バイセクシャルは両性愛者、トランスジェンダーは身体と心の中の性が一致しない人々のことを言います。近年、ダイバシティ社会を実現しようという動きの中で、「性の多様化」も唱えられています。世界中で LGBT の人々の権利が主張される機会が多くなりました。すなわち、同性婚を認めようという動きです。現に、欧米では同性婚が認められている国や地域もあります。価値が多様な社会（ダイバシティ社会）を実現するべきであるという理想のもと、例えばオランダやベルギー、米国のマサチューセッツ州やカリフォルニア州などが、同性による婚姻を認めています。一方、日本国憲法 24 条の下では、婚姻が「両性の合意のみに基づく」ことにより、同性婚は明確に憲法違反となります。

　しかし、同性婚を好むと好まざるとに関わらず、我が国がダイバシティ社会を実現したいのであれば、LGBT の婚姻の自由について、何らかの救済措置を考えなければならないでしょう。例えば、日本でも東京都の渋谷区では「男女の別を越えて多様な個人を尊重しあう社会の実現」という目的から、2015 年 4 月 1 日に「渋谷区男女平等及び多様性を尊重する社会を推進する条例」が施行され、公正証書の作成を条件として、渋谷区に居住する 20 歳以上の同性カップルによる**パートナーシップ**関係を、「男女の婚姻関係と異ならない程度の実質を備える関係」として証明することを可能にしています。これにより、渋谷区では、例えば、家族向け区営住宅にパートナーシップ証明書を持つ同性カップルの入居が認められるようになりました。他にも同じく東京都の世田谷区が「パートナーシップ宣誓書受領証」の交付を開始したり、北海道札幌市が 2017 年 6 月 1 日に政令指定都市で初めてパートナーシップ制度を開始するな

ど、婚姻とは言わないまでも、様々な救済措置を与えている地域もあるのです。ただし、**パートナーシップ関係には法的拘束力はありませんし、法的権利や義務も生じません**。仮にパートナーシップ関係に婚姻と同様の法的拘束力を認めてしまうと、婚姻を「両性の合意のみに基づく」ものとした憲法 24 条 1 項と衝突してしまうからです。あくまで、地方公共団体がパートナーシップ関係を証明し、その地域の中でパートナーシップ関係にある同性カップルが婚姻関係にある男女と同程度の公的サービス（上述のような地方公共団体が運営する賃貸住宅の入居など）を得ることができるだけです。

　LGBT に配慮しパートナーシップ関係を認めることは、たしかにダイバシティ社会において必要条件かもしれませんが、問題は両親が同じ性別であるような家庭の子どもたちが社会や学校で偏見なく扱われるかということです。すなわち、両親が LGBT 同士であるせいで、子どもたちが「いじめ」の対象になってしまったり、他の保護者などから後ろ指を指されるような事態になってしまうことは避けなければならないのです。また、両親が LGBT 同士である子どもたちが性的に偏向してしまうようでは、子どもたちの性に関する選択肢を狭めてしまうリスクも否定できません。
　一方で、近年、ニュースなどで、実の子どもを虐待する親が顕在している様子を見ると、家族とは果たして血のつながりだけで成立しうるものなのかや、憲法 24 条の要件を満たしていたとしても、子どもにとって果たして親の名にふさわしい男女による家庭なのかという疑問が残ることもあります。親の無責任のせいで、子どもの利益が蹂躙されるようなことはあってはならないでしょう。いずれにしても LGBT の人権に配慮しつつも、同性婚は憲法 24 条 1 項が改正されない限りは成立し得ないことは紛れもない事実です。

第8章　勤労の自由と生存権

　日本人は海外から「働き蜂」と揶揄されるほど、勤労な国民性で知られ
ています。戦後の荒廃の中から、高度経済成長を経て、世界第3位の
GDPを誇る国となったのも、このような国民性のおかげであると言えます。
一方で、近年はブラック企業や過労死などの問題が深刻化していることや、
政府の「働き方改革」にともない、労働時間を変形させるなど、勤労な国
民性を維持しつつも、「働き過ぎ」を調整しようという動きも出ています。
日本国憲法は「働く」という行為をどのように捉えているのでしょうか？
また、日本国憲法は14条1項で法の下の平等をうたっていますが、生ま
れながらに生じてしまっている収入や生活水準などの様々な格差を是正し、
「平等」を実現するためにどのような工夫をしているのでしょうか？
　本章では労働をする自由と生存権について考えていきます。

1. 勤労の自由

勤労の権利と義務

憲法27条① 　すべて国民は、勤労の権利を有し、義務を負ふ。

　憲法27条は、すべての国民が働く権利、すなわち勤労の自由を有して
いると明記しています。一方で忘れがちなのは、この条文が勤労の権利だ
けではなく、義務をも規定していることです。**働くと言うことは、国民の**

権利であるとともに、**義務**なのです。勤労の義務は納税の義務や、教育を受けさせる義務と同様に、国民としての**三大義務**と呼ばれるほど重要なものであり、「**働かざる者食うべからず**」という言葉通り、働かない限りは国民としての義務に違反しているとも理解できます。

　もちろん、国民は学業や、年齢、そして身体的な困難など、様々な事情により働くことができないこともありますし、そもそも国家には国民がたとえ働くことができなくても人間らしく生活していくことができるように努める義務があります。しかし、資本主義国家である以上は、日本国民が労働に勤しみ、自らや家族の生活を自分自身の手で支えていくことは、日本国憲法が期待している大前提なのです。

職業選択の自由

> 憲法 22 条① 　何人も、公共の福祉に反しない限り、居住、移転及び職業選択の自由を有する。

　日本国憲法 22 条 1 項により、国民がどのような労働に勤めるかは、一人ひとりの国民が自分自身で選択し、決定することができます。これを**職業選択の自由**と言います。今では当たり前のように思われる職業選択の自由も、歴史的に階級によって職業が決められ身分が固定化されてしまっていた封建時代には、とても認められるものではなかった自由でした。

　日本国憲法は 22 条 1 項で「公共の福祉に反しない限り」という制限を付けつつも、国民の職業選択の自由を明確に規定しています。最高裁は、**小売市場距離制限事件判決**（1972 年）で、憲法 22 条 1 項に規定されている職業選択の自由には、自分の行いたい職業を営む**営業の自由**が含まれると述べました。さらに、最高裁は、**薬局距離制限事件判決**（1975 年）で、国民は「職業の開始、継続、廃止において自由」であるだけでなく、職業活動の内容や態様を決定する自由である、**職業活動の自由**も憲法 22 条 1 項に含まれると解釈しています。

第89回中央メーデー。政府の「働き方改革」に反対をしながらデモ行進をする参加者（2018年5月1日、東京都渋谷区代々木公園　時事通信フォト）

職業選択の自由の制限　　憲法22条1項が広範な職業選択の自由を認めていても、特定の職業については、その業務の性質上、免許や登録が必要とされます。

　例えば、鍼灸師や指圧師などは、「あん摩マッサージ指圧師、はり師、きゅう師等に関する法律」に従い、免許・登録を必要とします。いかにマッサージが上手であったとしても、営業をするには必ず免許が必要であることは、医業類似行為という職業の特性からも職業選択の自由や営業の自由と決して矛盾することではありません。また、ヤミ金融などの違法で悪質な業者を排除するために、貸金業法は、貸金業者の登録制度を置いています。これも公共の福祉による制限から派生している、職業選択の自由に対する適切な規制と言えましょう。

2. 生存権

前章でも少し述べましたが、憲法14条は、社会的身分または門地により様々な差別を受けることのないように規定しています。門地とは家柄や出身という意味です。しかし、世の中は生まれながらにして豊かな家庭と貧しい家庭、仲の良い家庭と人間関係が複雑な家庭というように、様々な格差が生じてしまっています。この格差は子どもの発育や教育環境にも大きな影響を与えます。生まれながらの格差というハンディを背負い、すべて自力で格差を克服していくことは大変難しいことです。この格差を是正し、経済競争の入口における平等、いわば**機会の平等**を実現することが、資本主義社会である日本では重視されています。そこで、社会権および生存権の考え方が登場してくるのです。

社会権　我々が生まれながらにして有している人権の中に、**社会権**があります。これは、**社会の中で国民が人間らしく生きるための権利**と定義づけられます。人間らしい生き方とはどのような生活のことを言うのでしょうか？

　日本のような資本主義国家では、自由で公正な経済競争の結果、成功をおさめたものが富裕となっていきます。他方、競争に取り残された者は貧しくなっていき、経済競争を放っておくと貧富の格差が拡大していきます。貧富の格差は、富裕者の驕りと、貧しい者の嫉妬や不満により社会不安を生じさせてしまい、やがては資本主義国家を崩壊させてしまうおそれがあります。そこで、所得の大小を関係なく、すべての国民が社会権を行使することができるように、資本主義国家における貧富の格差を政府が調整し

ていく必要性が出てきました。具体的には、老人や子ども、病気などにより自ら生活能力を有することが難しくなっている者に対して、国家が生活保護など様々な補助を行う制度を整備し始めたのです。

　第6章でとりあげた、教育を受ける権利や、上述した勤労の権利も社会権の一部と言えます。日本国憲法はこれらに加え、25条にいわゆる「生存権」と呼ばれる社会権を規定しました。

生存権　　社会権の中でも、**人間が人間らしく生活することができる必要条件を確保することを国家に要求する権利**のことを**生存権**と言います。国民が国家の構成員として、国家に生存権を要求する根拠としては、憲法25条の規定が挙げられます。

憲法25条①　すべて国民は、健康で文化的な最低限度の生活を営む権利を有する。
②　国は、すべての生活部面について、社会福祉、社会保障及び公衆衛生の向上及び増進に努めなければならない。

プログラム規定　　憲法25条1項は、日本国民の生存権を「**健康で文化的な最低限度の生活を営む権利**」と定義づけました。最高裁は、**堀木訴訟判決**（1982年）で、「健康で文化的な最低限度の生活」の具体的な内容は、「その時々における文化の発達の程度、経済的・社会的条件、一般的な国民生活の状況等との相関関係において判断決定されるべき」であり、生存権を法律で具体化する際には、国の財政事情を鑑みて、立法府の裁量で決定されるべきであると述べています。

　また、最高裁は**朝日訴訟判決**（1967年）において、憲法25条の規定を裁判規範の効力を持つものとして認めたものの、「憲法25条1項はすべての国民が健康で文化的な最低限度の生活を営み得るように国政を運営すべ

きことを国の責務として**宣言したにとどまり**、直接個々の国民に具体的権利を賦与したものではない」と述べました。最高裁がこのように説明した憲法25条は、まさに**プログラム規定**として分類できるでしょう。憲法上に形式的に人権として規定されていても、それは実質的にはあくまでも国家の努力目標や政策的方針を宣言したにすぎず、個々の国民に対して法的権利を与えるものではないとする考え方です。すなわち、憲法25条2項にある「努めなければならない」と言う文言からも、憲法25条の規定は必ず実現する、「保障する」という意味ではなく、あくまでも**国家の努力義務**を定めているにすぎないのです。そして、国家が憲法25条に宣言された目標を実現するために、どのような法律を作り努力していくか、という点については、上述したように国会に裁量の余地を残しており、三権分立の観点から、司法が具体的な施策について口をはさむべきものではないのです。

資本主義国家・日本における25条の実現　　　日本は資本主義の国家であり、社会主義国家ではないため、憲法25条に規定された生存権を100%保障することはしません。全国民に生存権を100%保障してしまったら、国民は「働かざる者食うこと可能」な社会となってしまい、勤労に対する意欲やモチベーションがなくなり、国家財政が破たんしてしまいます。まさに社会主義国家が陥る矛盾が実現してしまうのです。また、スウェーデンやフィンランドのような北欧の福祉国家では、所得税や消費税などの税率を高くする代わりに、手厚い社会福祉・社会保障制度を有しています。日本はこのような福祉国家とも異なり、基本的には国家に頼らず、各国民がそれぞれ自助努力でもって生活することが必要となります。

　日本では、憲法25条1項の目標を実現し、2項に規定された「社会福祉、社会保障及び公衆衛生の向上及び増進」をするために、具体的には、**生活保護制度や最低賃金制度、国民皆保険制度、年金制度、そして子どもの予防接種**などが整備されています。日本国憲法が施行されて以来、国家は25条を実現する努力を妥当な程度において行ってきたと評価できるで

しょう。しかし、近年は少子高齢化が進み、近い将来に年金制度の破たんが視野に入ってしまっている中で、我が国が「健康で文化的な最低限度の生活を営む」国民の権利を実現していけるかは、大変難しくなっています。

3. 財産権

> 憲法 29 条① 財産権は、これを侵してはならない。

定義　国民が勤労の結果得た所得や財産は、誰の物でしょうか？　『ドラえもん』という漫画の人気キャラクターにジャイアンという腕白少年がいます。彼の口癖に、「おまえのものはおれのもの。おれのものもおれのもの」という傲慢な言葉があります。しかし、これはあくまでも漫画のキャラクターの個人的思想であり、「自分の物は自分の物」であり、不当に「他人の物を自分の物」にすることは、憲法 29 条に違反してしまいます。なぜならば、憲法 29 条 1 項は国民の財産は国家ではなく国民のものであり、国家や他人に不当に干渉され侵害されることがないという、**財産権**を保障しているのです。国民が国家により財産権を原則 100% 保障されることが、**私有財産制度**です。私有財産制度は資本主義国家の基本原則であり、この制度ゆえに、国民は安心して勤労できるのです。

公共の福祉による財産権の制限　日本国憲法が保障する私有財産制度の下、国民は自分の好きなように財産を使用し収益し処分する自由を有しています。しかしながら、憲法は国家が財産権に制限を加える可能性も規定しています。

憲法 29 条② 　財産権の内容は、公共の福祉に適合するやうに、法律でこれ
を定める。

憲法 29 条 2 項が規定しているように、財産権は、その内容が公共の福
祉に適合しなくてはならないという制約を受けます。最高裁は**森林法共有
林事件判決**（1987 年）において、「社会全体の利益を考慮して財産権に対
し制約を加える必要性が増大するに至ったため、立法府は公共の福祉に適
合する限り財産権について規制を加えることができる」と述べています。

土地という財産を持つ人は、その土地を自由に用いることができますし、
隣り合う土地の所有者は、隣人の土地所有権という財産権に干渉すること
はできません。しかしながら、その土地の利用や土地に存在する財産が、
隣地の所有者の財産権を大きく侵害することは許されません。

民法には、憲法 29 条 2 項の内容を鑑み、そのような相隣関係にある土
地所有者の財産権を制約する規定を置いています。例えば、民法 233 条 1
項は、隣地の竹木の枝が境界線を越えるときは、その竹木の所有者に、そ
の枝を切除させることができると規定し、同条 2 項は、隣地の竹木の根が
境界線上の越えるときは、その根を切り取ることもできるとしています。
これは竹木を所有する人の財産権を公共の福祉を理由に規制することを目
的とした立法と言えましょう。

また、財産権を公共の福祉を理由に規制する手段として、憲法 29 条 1
項は法律を前提としていますが、最高裁は**奈良県ため池条例事件判決**
（1963 年）で、地方自治体が定める条例による財産権の規制も認めています。

公用収用

> 憲法 29 条③　私有財産は、正当な補償の下に、これを公共のために用ひる
> ことができる。

　憲法 29 条 3 項を根拠として、国民の所有する財産は、正当な補償の提
供、すなわち**損失補償**を条件に、強制的に公共のために用いられることが
あります。これを**公用収用**（こうようしゅうよう）と言います。例えば、ある地域の公益上、特
定の地区に空港を作る必要がある場合、正当な補償をすれば、その空港が
作られる予定の地区の住民の土地を空港用地として収用することも可能な
のです。

　このような**土地収用**の場合、たとえ正当な公共目的とはいえ、土地とい
う財産権を侵害されることには変わりはないので、国家による土地収用の
補償は最大限なされるべきです。最高裁も、**土地収用補償金請求事件判決**
(1973 年) で、土地収用に際しては、「完全な補償、すなわち、収用の前後
を通じて被収用者の財産価値を等しくならしめるような補償をなすべきで
あり、金銭をもって補償する場合には、被収用者が近傍において被収用地
と同等の代替地等を取得することをうるに足りる金額の補償を要する」と
述べています。

納税の義務

> 憲法 30 条　国民は、法律の定めるところにより、納税の義務を負ふ。

　国家の財政は国民の納税なしには成り立ちません。自身の所得や財産に
課税されることを喜ぶ国民は誰もいないでしょう。しかし、納税は国民と
しての**三大義務**の 1 つであり、憲法 30 条に明記されています。第 3 章で
外国人参政権についてふれたように、納税は国民としての根拠にはならず、

あくまでも日本国籍を保有しているかどうかが日本国民としての根拠であります。しかしながら、国家を構成する者として、納税をしているというプライド、すなわち、納税者意識があるゆえに、国民が国民である資格を有していると改めて自覚できるのではないでしょうか？　日本人の感覚として、江戸時代より以前から、税金（年貢）はお上に納めるものであり、没収されるものであると考える傾向にあるということは否定できないでしょう。

　しかしながら、日本国憲法がモデルとしている米国などでは、税金は国家に自主的に納め、国家の構成員である国民全員の利益につながるものであるという発想があります。日本人にとって税金はいわば罰金としての感覚なのかもしれませんが、米国では税金はゼミやサークルの懇親会費を納めるような感覚なのです。この納税者意識の違いが、国家の構成員であるという国民意識の強さの違いとも言えます。税金は財産を没収されるものではなく、あくまでも、日本国という国民の家をより良く運営していくためのものであるし、納税と言う行為が国全体の利益に貢献しているという意識を持つことが、主権者意識を高め、さらに国民主権を実現していくことにもつながるのではないでしょうか？

Discussion テーマ

○　勤労の義務を果たさない場合、法律はそのような国民に何らかの罰則を規定しているか？

○　「健康で文化的な最低限度の生活」とはどのような生活か？　自分なりのイメージを論じ合おう。

　　　ブラック企業と過労死

憲法 27 条② 　賃金、就業時間、休息その他の勤労条件に関する基準は、
　法律でこれを定める。

　日本国憲法は労働に勤しむ自由を認めながらも、賃金、就業時間、休
息その他の勤労条件に関して法律で定めることにより、国民が不当に酷
使されたり、労働の結果、健康や生命を失うことがないように労働者を
保護しています。具体的には**民法**や**労働基準法**などが労働者保護のため
の法律と言われています。
　しかしながら、近年では、これらの法律の網の目をぬって、企業が最
大限の利益を得るために、**長時間労働**や、適切な超過勤務手当を与える
ことのない**サービス残業**などで従業員を酷使し、ひどい場合には**過労死**
に追い込んでしまうということが問題視されています。また、**パワハラ**
や**セクハラ**といった**ハラスメント**（いやがらせ）が横行する企業も存在
します。ハラスメントは従業員を精神的に追い詰め、健康を害すること
につながります。
　これらのような従業員に対する人権侵害や労働基準法違反を認識しつ
つも、利益優先で、適切な改善策を実行することなく人権問題を放置し
ている企業は、近年では**ブラック企業**と呼ばれます。ブラック企業は従
業員の人権を蹂躙している点で、労働基準法のみならず憲法 27 条 2 項
に違反していると言えます。

憲法 27 条③ 　児童は、これを酷使してはならない。

　また、ブラック企業によるパート雇用を**ブラックバイト**と言います。
ブラックバイトの被害者として、高校生や大学生などが主な対象となっ
ています。高校生や大学生は憲法 27 条 3 項が定める「児童」ではあり
ません。しかしながら、学業のプロフェッショナルであるべき高校生や

大学生などに、期末試験やレポート提出などの学事日程を考慮すること
なく、企業の都合のみでアルバイトのシフトを組ませることで学業をお
ろそかにさせ、長時間労働やサービス残業やハラスメントなどで健康を
害すことにも陥らせてしまうブラックバイトは、まさに「酷使」そのも
のであり、日本国憲法 27 条に違反しているとも言えます。

第9章　立法と国会

　前章まで、人権編と呼ばれる憲法の主に前半部分についてのトピックについて触れてきました。本章からは統治編と呼ばれる、憲法の主に後半部分を中心としたお話をしていきます。人権編に比べて、統治編は文字通り、この国を治める国家権力の様々なシステムについての話となり、我々国民の権利義務や身近な生活の話からは少し離れた、（話題として）つまらないと思われる方もいるかもしれません。しかし、三権分立にしたがって国家権力を機能させていく仕組みは、憲法についての必須の知識となります。身近な事例にふれながら、わかりやすく説明していきます。

1．立法の仕事

定義　　憲法第4章には、国会に関する規定が置かれています。**国家の議会が国会**です。日本において、**立法は国会の仕事**となっています。そもそも、第1章で論じたように、国家権力は腐敗しないために3つに分立されています。それが立法、行政、司法の**三権分立**であり、中でも立法が重視されるという話は上述のとおりです。しかし、それには根拠があるのでしょうか？

憲法41条　国会は、国権の最高機関であつて、国の唯一の立法機関である。

憲法41条は、**三権分立の中でも立法が重視される**根拠となっています。三権分立は、国家権力を立法、行政、司法に三等分しました。一方で、主権者である国民の意思を選挙と言うプロセスを経て最も直接的に反映させることのできる、すなわち、三権の中で最も民主主義的要素が強い、立法（国会）に優先的地位を与えています。

　憲法41条にある「国会は、国権の最高機関」という言葉は、国会が「国家権力のうち最上位に立つ機関」として尊重されるべきであると理解してよいでしょう。ただし、「国権の最高機関」と言えども、その権力は無制限ではありません。後の章で論じるように、内閣には衆議院を解散する権利がありますし、最高裁判所には国会で成立した法律を憲法違反であると判決する、違憲審査権があります。立法と行政と司法が、三権分立において「**均衡の関係**」にあることは変わらず、お互いの権力が腐敗しないように監視し牽制しあう仕組みになっています。

　また憲法41条により、国会は「国の唯一の立法機関」と規定されています。したがって、**国会以外は法律を作ることはできません**。地方公共団体の議会が成立させるルールは法律ではなく**条例**であり、条例は法律の下位に置かれるというのが法律界の階層構造です。

　また、日本国憲法は、58条2項で、立法府の各議院（衆議院と参議院）が院内の自律規則を定める議員規則制定権を、73条6号で、行政府には政令などの規則制定権を、そして、77条1項で、最高裁判所には訴訟手続や裁判官や弁護士などの法曹の内部規律、そして司法事務処理に関する事項についての規則制定権を与えていますが、いずれもルールとしての効力はあるものの、条例同様、国会の議決を経て成立する法律の効力よりは劣ります。

　国会がまさに立法権を独占し（**国会中心立法の原則**）、行政や司法など他の機関の関与なしに法律を成立させる力（**国会単独立法の原則**）を有しているのです。ただし、国会で成立する法案の大多数が議員立法ではなく、内

閣による提出、特に中央官僚の作成によるものである中で、国会単独立法の原則が徹底されているとは言えないのが現実です。また、第12章で述べるように地方自治特別法（憲法95条）についても、国会単独立法の原則の例外と言えます。

立法と予算成立

> 憲法56条②　両議院の議事は、この憲法に特別の定（さだめ）のある場合を除いては、出席議員の過半数でこれを決し、可否同数のときは、議長の決するところによる。
>
> 憲法59条①　法律案は、この憲法に特別の定のある場合を除いては、両議院で可決したとき法律となる。
>
> 憲法86条　内閣は、毎会計年度の予算を作成し、国会に提出して、その審議を受け議決を経なければならない。

　国会の主たる仕事としては、**法律の制定（立法）**と内閣が作成し国会に提出した**予算の審議**および**議決**が挙げられます。憲法56条2項で、原則として法案や予算案などは、**出席議員の過半数で可決または否決**となります。インターネットの発達する現代において、国会議員が妊娠や病気など、何らかのやむを得ない事情で議場にいられなくても、遠隔投票ができるようにする動きもありますが、この憲法上の規定にある「出席」という文言が、遠隔投票の実現を困難にさせています。

両院制

> 憲法42条　国会は、衆議院及び参議院の両議院でこれを構成する。

憲法42条により、国会は衆議院と参議院の2つに分かれます。これを両院制（または二院制）と言います。日本や米国、英国が両院制を取ります。衆議院と参議院の2つで1つの国会を構成するのが両院制であり、立法権は衆議院と参議院の両議院が共同に行使します。

憲法48条　何人も、同時に両議院の議員たることはできない。

　国会の構成員である国会議員も衆議院議員と参議院議員に分かれます。憲法48条により、両議院の議員を兼任することはできません。日本においてはいずれの議員も国民による選挙を受けて選ばれることにより、国民から代議士として信任を得た「国民の代表」であるということになります。

衆議院

憲法45条　衆議院議員の任期は、四年とする。但し、衆議院解散の場合には、その期間満了前に終了する。

　衆議院の定数は465議席で、憲法45条に規定されているように衆議員議員の任期は4年です。ただし、衆議院は任期途中で解散されることがあります。内閣が有している衆議院の解散権については次章で論じます。解散がない参議院より、解散がある衆議院の方が、より直近の民意を反映させやすい制度となっており、衆議院が様々な点で参議院より優越することも、憲法が衆議院と参議院をどのような趣旨で設けたのかが推測できます。
　衆議院議員になるためには25歳以上でなくてはなりません（議員になることのできる資格を得ることを、被選挙権を得ると言います）。

参議院

> 憲法46条　参議院議員の任期は、六年とし、三年ごとに議員の半数を改選する。

　参議院の定数は248議席で、憲法46条により**参議院議員の任期は6年で、3年ごとに半数が改選**されると規定されています。衆議院と異なり、**解散されることはありません**。それにより、衆議院より長い任期を有し、解散というプレッシャーを考えなくてすむことで、参議院議員の身分はより安定的であることから、衆議院とは異なる視点で、長いスパンのことを考えて議決にあたることができます。それゆえ、参議院は時に「良識の府」と呼ばれることがあります。**参議院議員の被選挙権は30歳以上から**得ることができます。

日本国憲法施行70年を記念して国会議事堂の特別参観が行われた。写真は板垣退助、大隈重信、伊藤博文の銅像が建つ国会議事堂「中央広間」（2017年5月3日　時事）

衆議院の優越

> 憲法59条② 衆議院で可決し、参議院でこれと異なつた議決をした法律案は、衆議院で出席議員の三分の二以上の多数で再び可決したときは、法律となる。
>
> 憲法60条① 予算は、さきに衆議院に提出しなければならない。
> ② 予算について、参議院で衆議院と異なつた議決をした場合に、法律の定めるところにより、両議院の協議会を開いても意見が一致しないとき、又は参議院が、衆議院の可決した予算を受け取つた後、国会休会中の期間を除いて三十日以内に、議決しないときは、衆議院の議決を国会の議決とする。

　憲法59条2項が規定しているように、国会における法案議決において衆議院と参議院における結果が異なる場合には、衆議院の議決が優先します。

　また、衆議院には、60条1項が規定しているように衆議院が参議院に先駆けて予算審議を行う**予算先議権**がありますし、同条2項の規定により、予算について衆議院の議決が優先します。このような**衆議院の優越**はなぜ必要なのでしょうか？　コラムでも後述しますが、衆議院の任期は参議院よりも短く、解散もされ得ることで、参議院よりも直近の民意を反映させることができることから、衆議院における議決の優越的効力が認められているのです。ただし、衆議院の優越が認められていないものもあり、例えば、憲法改正の発議（憲法96条1項）などが挙げられます。

2. 国会議員の特権

議員歳費の支給

> 憲法49条　両議院の議員は、法律の定めるところにより、国庫から相当額の歳費を受ける。

　国会議員は、国民の代表として、憲法により様々な特権を有しています。まず、憲法49条および、「国会議員の歳費、旅費及び手当等に関する法律」1条を根拠に、**国会議員は月額約129万4000円の議員歳費を受けます。財源は我々の税金です。**これらに加え、ボーナスや様々な手当を加えると、年収2200万円超です。政治活動には当然お金がかかりますし、不正献金や賄賂を防ぐためにも、議員歳費や諸手当を受けることは特権と言うよりは、当然かつ正当な報酬であると言う考えもあります。年間議員歳費が憲法49条の言うところの「相当額」であるかどうかは個人の感覚次第でしょう。

不逮捕特権

> 憲法50条　両議院の議員は、法律の定める場合を除いては、国会の会期中逮捕されず、会期前に逮捕された議員は、その議院の要求があれば、会期中これを釈放しなければならない。

　日本に限らず諸外国の歴史においても、君主や政府が反対派の議員の言論や思想を理由に、議員を逮捕したり、身柄を拘束するような事例は多数ありました。日本国憲法50条は、このような歴史の反省から、国会の自律性や独立を守り、国会議員の政治活動の自由などを守るために、国会議員の**不逮捕特権**を定めています。この規定に関連して、**国会法33条**が、

国会議員は、**院外における現行犯逮捕の場合を除いては**、会期中その議員の所属する院の許諾がなければ逮捕されないとしています。すなわち、国会議員がコンビニで万引きをした場合には、窃盗を侵した事実は明白で、不当逮捕のリスクもないことから捕まることはあっても、他の罪を犯した場合には、警察はその議員の所属する議院に**逮捕許諾請求**をし、議院の許可なしに国会議員を逮捕することができないのです。

また、例えば、国会議事堂の敷地内において、国会議員同士で乱闘が起こっても、議員たちが暴行罪で現行犯逮捕されることは原則ありません。これは、国会議員以外の国民に比較して、大変大きな特権と言えます。明らかに罪を犯したと思われる国会議員と言えども、国会議員の過半数がその議員をかばえば、逮捕されることはないのです。

この不逮捕特権については、国会の独立を守る点などで重要特権とも言える一方、政治的に不逮捕特権を濫用し、罪を犯した国会議員が不当に身分保障されてしまう危険性があります。また裁判所の司法権を妨害してしまう点から、立法による司法に対する不当な干渉も起こり得ます。

免責特権

憲法 51 条　両議院の議員は、議院で行つた演説、討論又は表決について、院外で責任を問はれない。

憲法 51 条により、国会議員は、国会における発言や表決などについて、国会の外で責任を問われることはありません。これを国会議員の**免責特権**と言います。この特権も、不逮捕特権同様、国会議員が発言を委縮することのないように、いわば国会議員の表現の自由の保障を強化するものでしょう。

議員懲罰権

> 憲法58条② 両議院は、各々その会議その他の手続及び内部の規律に関する規則を定め、又、院内の秩序をみだした議員を懲罰することができる。但し、議員を除名するには、出席議員の三分の二以上の多数による議決を必要とする。

　国会議員のこれらの特権は、いずれも国民の意思を代表して議決に臨めるように、国会議員の身分を安定させ、公平さを保つことのできるようにするためと考えられます。しかしながら、近年においても、外交関係などにおいて国益を損ねるような政治的な暴言をして、明らかに道徳上、議員としての資格を疑われるような行動を取りながらも、国会議員として居座る者もいます。また、国会内でヤジや心ない暴言をした議員について、その政治的・道義的責任を取らせる手段はないのでしょうか？

　憲法58条2項はそのような国会議員が「院内の秩序をみだした」責任を議院内で追及し、懲罰をすることを認めています。これが、**議員懲罰権**です。また、出席議員の3分の2が賛成すれば、議院から除名し、国会議員の資格をはく奪させることもできます。しかし、懲罰や除名を受けた議員が次の選挙に出馬することは自由です。もちろん、そのような議員はマスメディアによる厳しい批判にさらされ、国会のみならず、所属政党内部においても離党勧告などの重い処分を受けたり、次回の選挙での当選が危ぶまれることもあります。国会議員の責任を追及する最大の手段は、選挙で当選をさせない（別の候補に投票する）ということであり、「国民の代表」の責任をとらせるのは国民自身なのです。そもそも、そのような国会議員を国民の代表として選挙で選んだ国民の責任もあるでしょう。これが民主主義のリスクであり、残念な現実とも言えましょう。国会議員の特権が国民に理解されるようになることで、憲法の規定自体も説得力を増していくと思われます。

○ 国会議員の被選挙権にはなぜ年齢制限があるのだろうか？

○ 本章において述べられた国会議員の様々な特権のうち、今の時代に必要ないと思われるものはあるか？

コラム──
事例から考える　　**両院制の是非〜参議院は必要か？**

　本文で述べたように参議院は「良識の府」と讃えられる一方で、「衆議院のコピー」や「第2衆議院」と揶揄されることもあります。憲法42条を改正し、日本において国会は韓国のように一院制にするべきではないか、といういわゆる「参議院不要説」も長い間となえられてきました。両院制の意義とは何にあるのでしょうか？

　両院制の第1の意義は、**議院が2つあることで、片方の議院のミスをカバーすることができる**ということがあります。もし衆議院における法案や予算の審議に誤りがあったとしても、「良識の府」である参議院で、法案が成立する前にその誤りを修正する機会があるのです。また、衆議院と参議院とでは選挙制度や選挙の時期が原則異なります。そうすることにより、衆議院と参議院の両方の選挙を通して、可能なだけ多様な民意をくみ取り、国会で議論することができるのです。

　また、**衆議院が解散されて選挙が行われるまでの間、参議院は解散されることなく、衆議院の機能を補完する**ことが期待されています。衆議院が解散された時は参議院も閉会期間に入りますが、憲法54条2項が規定するように、内閣は国家に緊急の必要があるときには参議院を緊急集会することができるのです。この規定のおかげで、衆議院選挙期間を狙って、たとえ、近隣諸国が日本にミサイル攻撃をしても、国内で地震

やテロが起こっても、国会の機能がマヒすることはないのです。

　さらに、一院制に比べ、両院制であれば、与野党間で多数政党が入れ替わっても、対立政党である前政権が中心となって成立させた法律を新政権が変更することで、政情不安になったり、**法的安定性**を失うことはありません。これは 1946 年に日本国憲法が制定される際に、両院制を強く主張した松本丞治　憲法改正担当・国務大臣（当時）の意見であり、朝令暮改を防ぐ、まさに慧眼であったと言えましょう。

　両院制を批判する意見として、衆議院に加え、**参議院があるせいで、審議が長期化し、**スピーディーな法案成立ができなくなっているというものもあります。たしかに、震災からの復興予算や、喫緊に改革が必要とされるような国家事業に関する立法などは、早急に審議可決がなされるべきなのかもしれません。しかし、衆議院だけでなく、参議院で議論されることにより、慎重かつより綿密な審議がされ、その間に国民の側でも主にマスメディアを通じて立法に関する情報が拡がり、**しっかりとした国民的議論に基づく意思形成**ができるのではないかとも思われます。「急いては事を仕損じる」こともあるのです。

　また、衆議院と参議院の与野党構成が異なる「ねじれ国会」のような状況になると、衆議院で可決された法案が参議院で軒並み否決されることにより、立法や予算成立が停滞し、**「決められない政治」**と批判されることもあります。しかし、決められない政治の責任を両院制のせいにはできないと思います。参議院議員は国民生活のためになるような法案や予算であれば、与野党の垣根を越えて、責任を持って可決させるべきです。与党の出す法案や予算には何でも反対するのが野党であるならば、それは野党が権力闘争で与党の足を引っ張り、政治を停滞させ、権力を与党から奪おうとするためだけにやる、野党のための政治であり、国民のための政治ではありません。

　現に、2007 年に当時の安倍政権与党の自民党が参議院選挙で大敗北を喫したのち、2009 年に鳩山内閣による民主党政権が形成されるまでに、

「ねじれ国会」のせいで、政治は大きく停滞しました。この時から2012年末に安倍政権が再度形成されるまでの間、「決められない政治」がどれだけの国益を損じ、リーマンショックに伴う経済危機や東日本大震災などの国難を切りぬけるのに足かせとなってきたか、記憶に新しい方も多いと思います。その責任は、選挙で負けた安倍政権や自民党にありますし、野党から与党になったのにもかかわらず、ろくに改革もできずに国を疲弊させた民主党などの政党にもあります。しかしながら、一番の責任を負うべきは、そのような与野党の「政治闘争ゲーム」や、それをあおる一部マスメディアにだまされ、振り回された多数の国民です。民主主義の責任を負うべきは国民であり、その意思を反映させる選挙や両院制にあるのではないと言えます。成熟した民主主義を実現するためにも、何故、憲法は両院制を採用しているのかを我々国民は常に考えて、政治に目を向けるべきだと考えます。

第 10 章　行政と内閣

　日本で一番偉い人は誰でしょう？　という質問に答えるならば、天皇や上皇などの名前を挙げる人も多いでしょう。しかし、日本で一番権力を有している人は誰でしょう？　という質問に答えることはなかなか難しいです。国民が日本の主権を有していることは、日本国憲法の三大原理に国民主権があることからも明らかです。しかしながら、実質的な最高権力者と言えば、**内閣総理大臣**（首相）をイメージするのではないでしょうか？首相は実際にどのような権限を持っているのでしょうか？　本章では三権分立の内、行政権と内閣の役割について、述べていきます。

1. 行政権

定義

> 憲法 65 条　行政権は、内閣に属する。

　日本国憲法第 5 章は**内閣**に関する規定です。日本における三権分立のうち、**行政権**を有しているのが内閣です。行政権とは、国会で決められた法律や予算に基づき、その内容を実現していく権利です。

> 憲法 66 条①　内閣は、法律の定めるところにより、その首長たる内閣総理
> 　大臣及びその他の国務大臣でこれを組織する。
> ②　内閣総理大臣その他の国務大臣は、文民でなければならない。

　内閣のトップ（首長）に位置するのが**内閣総理大臣（首相）**であり、首相の下に、財務大臣や外務大臣などの**国務大臣（閣僚）**がいます。また、憲法 66 条 2 項で、首相や閣僚は**文民**であることが条件となっています。

　1973 年 12 月の政府見解によれば、憲法 66 条 2 項の「文民」の定義は、「第 2 次世界大戦までに職業軍人の経歴を有し、軍国主義思想に深く染まっている者」と「自衛官の職に在る者」以外の人です。これは日本国憲法の三大原理のうちの 1 つである平和主義を徹底するために、行政権を掌握する内閣のメンバーに軍人や軍国主義的発想の人物が入らないようにしようと狙ったものです。しかしながら、戦後 75 年が経とうとしている現在、もはや第 2 次世界大戦までに職業軍人であった者が内閣に入る可能性はほぼありません。また、たとえ自衛官の職に在った者でも、退職後は、首相や閣僚になることはできます。

内閣連帯責任制

> 憲法 66 条③　内閣は、行政権の行使について、国会に対し連帯して責任を
> 　負ふ。

　行政権は首相だけでなく、内閣全体に属します。同時に、行政権の行使に際しては、内閣は国会に対して連帯責任を負います。これを**内閣連帯責任制**と言います。日本国憲法は行政権やその責任について首相一人に負わせるのではなく、内閣を行政権の担い手として一つの「かたまり」として扱っているのです。それにより強大な権限を持つ首相の独裁を防ぎ、行政

が適切に担われるようにすることを目的としています。また、内閣の行政権行使に際する意思決定も、首相と全閣僚による会議である**閣議**における全会一致を原則としており、これにより内閣連帯責任制をより実効性のあるものにしています。

憲法 74 条　法律及び政令には、すべて主任の国務大臣が署名し、内閣総理大臣が連署することを必要とする。

　また、憲法 74 条に基づき、法律や政令に署名をするのはその法律や政令に関係する閣僚だけではなく、首相も署名をします。これは法律や政令を施行するにあたり、その責任が主管大臣だけでなく、その内閣全体にあることを意味しており、首相が連署することにより、後述する憲法 72 条の首相の指揮監督権をより明確にするとともに、憲法 66 条 3 項の規定と合わせ、内閣連帯責任制の根拠となっています。

2.　内閣総理大臣の権限と役割

議院内閣制　　日本や英国のように、行政府が立法府の信任によって存立する政治制度を**議院内閣制**と言います。すなわち、日本では国会、特に衆議院が内閣を信任している限りは、内閣は存在しうるわけです。逆に衆議院で内閣不信任案が可決された場合、首相は**内閣総辞職**か、不信任案を出した衆議院に対抗して、**衆議院を解散**するしかありません。

　一方、日本国憲法がモデルとした米国では**大統領制**を採用しています。三権分立が日本よりも厳格で、立法（議員）と行政（大統領）が別々に国民により選挙を通じて選ばれ、両者の構成員が重なることはありません。米国では大統領が法案を提出することはできませんが、日本では議院内閣制のもと、**内閣も国会へ法案を提出でき**、また前章で述べたとおり、内閣提

首相公邸（旧首相官邸）（2015 年 5 月 7 日　時事）

出法案の方が、議員立法よりも圧倒的に多いのです。また、大統領は議会を解散できませんが、首相は衆議院を解散できます。

内閣総理大臣の選任

> **憲法 67 条①**　内閣総理大臣は、国会議員の中から国会の議決で、これを指名する。この指名は、他のすべての案件に先だつて、これを行ふ。
>
> ②　衆議院と参議院とが異なつた指名の議決をした場合に、法律の定めるところにより、両議院の協議会を開いても意見が一致しないとき、又は衆議院が指名の議決をした後、国会休会中の期間を除いて十日以内に、参議院が、指名の議決をしないときは、衆議院の議決を国会の議決とする。

　日本は議院内閣制の国家なので、**首相は国会議員の中から、衆議院・参議院の議決で、指名**されます。前章で述べたとおり、衆議院の優越により、衆議院と参議院の議決が異なった場合には、衆議院が指名した国会議員が首相になります。日本では、選挙により国民の代表として選出された者で

なければ、首相にはなれないのです。

閣僚任命権

> 憲法68条① 　内閣総理大臣は、国務大臣を任命する。但し、その過半数は、国会議員の中から選ばれなければならない。
> ② 　内閣総理大臣は、任意に国務大臣を罷免することができる。

　憲法68条により、首相は閣僚を任命し、いつでも罷免することができます。これを**閣僚任命権**と言います。これは他の閣僚が有することのできない強大な権限と言えます。**閣僚の過半数は国会議員の中から選ばれなく**てはいけませんが、逆に言えば、過半数を越えなければ、学者や官僚、実業家、作家など民間人でも閣僚になることができるのです。

内閣総理大臣および閣僚の仕事

> 憲法72条 　内閣総理大臣は、内閣を代表して議案を国会に提出し、一般国務及び外交関係について国会に報告し、並びに行政各部を指揮監督する。

　憲法72条に規定されているように、内閣は法案や予算案などの議案を国会に提出し、国会で審議してもらうことができます。前述したように、圧倒的多数の法案が内閣提出法案です。

> **憲法 63 条**　内閣総理大臣その他の国務大臣は、両議院の一（ひとつ）に議席を有すると有しないとにかかはらず、何時でも議案について発言するため議院に出席することができる。又、答弁又は説明のため出席を求められたときは、出席しなければならない。

　また、首相や閣僚は、議案について発言するため、国会に出席することができますし、逆に、国会に要請された場合には、国会に出席して答弁や説明をする義務があります。国会の会期中には、平日の日中に NHK 総合テレビで国会中継がされていますが、この中で首相や閣僚が予算委員会などで答弁をしている根拠も憲法 63 条や 72 条にある一般国務や外交関係に対する報告義務によるものです。

> **憲法 73 条**　内閣は、他の一般行政事務の外、左の事務を行ふ。
> 　1．法律を誠実に執行し、国務を総理すること。
> 　2．外交関係を処理すること。
> 　3．条約を締結すること。但し、事前に、時宜（じぎ）によつては事後に、国会の承認を経ることを必要とする。
> 　4．法律の定める基準に従ひ、官吏に関する事務を掌理すること。
> 　5．予算を作成して国会に提出すること。
> 　6．この憲法及び法律の規定を実施するために、政令を制定すること。但し、政令には、特にその法律の委任がある場合を除いては、罰則を設けることができない。
> 　7．大赦、特赦、減刑、刑の執行の免除及び復権を決定すること。

　また、憲法は 73 条において、内閣の仕事を上記のように列挙しています。**条約を締結したり、予算を作成する**ことは国会ではなく、内閣の仕事なのです。

国務大臣の特権

> 憲法 75 条　国務大臣は、その在任中、内閣総理大臣の同意がなければ、訴
> 追されない。但し、これがため、訴追の権利は、害されない。

　憲法 75 条は首相の許可なしに閣僚がその在任中、訴追されることはな
いということを保障しています。もし首相が訴追に同意しなければ、その
閣僚が辞任した時に、公訴の提起がされます。いずれにしても、閣僚の訴
追については司法が介入する余地がないのです。

内閣不信任案と解散

　内閣が、実質的には首相が国会に対して有する最大の権限としては、**衆
議院の解散権**が挙げられます。衆議院において、主に野党が内閣を倒す、
または内閣の勢力をそぐ狙いで、**内閣不信任案**を提出することがあります。

> 憲法 69 条　内閣は、衆議院で不信任の決議案を可決し、又は信任の決議案
> を否決したときは、十日以内に衆議院が解散されない限り、総辞職をしな
> ければならない。

　上述のように、衆議院で内閣不信任案が審議され、可決された場合、ま
たは逆に内閣信任決議が否決された場合、首相には、内閣総辞職を選ぶか、
衆議院を解散し、衆議院選挙に打って出るかの 2 つの選択肢が与えられま
す。戦後、内閣不信任案は 4 回可決されましたが、いずれも首相が衆議院
解散を選択しました。慣例として、国会では一度提出された法案は 1 回の
会期に一度しか提出することができません。これを**一事不再議の原則**と言
います。したがって、内閣不信任案も一会期に 1 回しか提出することがで

きないため、内閣に反対する勢力は、内閣不信任案提出のタイミングを極めて慎重に選ぶ必要があります。

　内閣不信任案とは逆に、与党から**内閣信任案**が出されることが稀にあります。そもそも、首相は国会により指名されますし、衆議院で与党が過半数を得ていれば、首相の信任をわざわざ決議しなくても内閣は信任されているとみても良いのですが、野党による議事妨害や、参議院で問責決議案が可決された場合に、野党に対抗するために、内閣信任決議は意味を持つのです。内閣信任案が否決された場合、憲法 69 条の規定にあるように、内閣は総辞職か衆議院を解散しなくてはいけません。

　なお、内閣不信任の議決は、衆議院のみに認められている権限であり、参議院が内閣不信任の趣旨で、**問責決議案**を審議、可決しても、法的拘束力はありません。また、内閣の個別の閣僚に対する不信任案（衆議院）や問責決議案（参議院）が可決されても、やはり、法的拘束力はなく、閣僚も辞任する必要がありません。

首相が欠けた場合

> 憲法 70 条　内閣総理大臣が欠けたとき、又は衆議院議員総選挙の後に初めて国会の召集があつたときは、内閣は、総辞職をしなければならない。

　首相が死亡したり、衆議院解散や国会議員の任期満了による場合を除いて、国会議員の地位を喪失した場合には、憲法 70 条の規定により、内閣は総辞職をします。また、衆議院議員選挙の後は、選挙前と衆議院のメンバーが変わるのが通常であるので、初めての国会召集時に内閣が総辞職します。

3. 独立行政委員会

　憲法65条は「行政権は」内閣に属するとしているだけで、「すべての行政権は」とは規定していません。そのことを根拠に、内閣の指揮監督から独立して、より専門技術的な行政任務を合理的かつ効率的に処理するために、特定の行政権を内閣から独立して行使するために設置された組織を**独立行政委員会**と言います。

　内閣が独立行政委員会の委員の任命権や予算権を持ちながらも、内閣から独立した形であるゆえに、**政治的中立性**を確保し、ルールを決める**準立法権**を持ち、裁判所のような**準司法的手続**をも行う機関です。独立行政委員会では**意思決定は合議**で行います。独立行政委員会の例としては**人事院**（国家公務員の人事管理などを行う）、**公正取引委員会**（企業間の自由競争を促進し、自由主義経済を守るために独占禁止などを監視する委員会）、**国家公安委員会**（警察庁を管理する委員会）などが挙げられます。

Discussion テーマ

○　内閣総理大臣を直接選挙で選ぶ首相公選制の是非について議論しよう。

○　内閣不信任案と異なり、問責決議案に法的拘束力がないことは両院制においてどのような意味を持っているか？

　内閣不信任案が可決された場合に、首相は衆議院を解散することがで
きます。これが日本国憲法の前提とする衆議院解散であり、日本国憲法
の条文番号から、**69条解散**と呼ばれます。しかしながら、戦後、この
ような衆議院解散が行われたのは、本文で述べたように、全部で4回の
みでした。にもかかわらず、衆議院議員がその4年間の任期を全うする
ことは極めてまれで、衆議院は首相の望むタイミングで解散されること
がほとんどです。憲法上の根拠として、首相は憲法7条3号に基づき、
衆議院を解散する権限を有しているという考え方があります。それがい
わゆる**7条解散**というやり方による衆議院解散です。

憲法7条　天皇は、内閣の助言と承認により、国民のために、左の国事
　　　　　に関する行為を行ふ。
　　3．衆議院を解散すること。

　第2章で述べたように、憲法7条は天皇の国事行為について列挙して
おり、その3号に、衆議院の解散が規定されています。内閣の助言と承
認により、天皇が衆議院を解散するというのが条文の趣旨ですが、この
内閣の助言と承認を、つまるところ、首相の解散権と解釈して、首相が
自らの権力基盤の維持拡大や、国民に内閣の推進する政策の是非や直近
の民意を問う手段として、憲法7条に基づき衆議院を解散するのが7条
解散です。
　しかし、本当に憲法7条3号は、首相に好きな時に衆議院を解散する
権利を認めているのでしょうか？　これについては、議論の余地の残る
ところです。憲法7条3号の趣旨は、内閣の助言と承認により、天皇が
解散詔書を作成して発行すると言う、いわば衆議院解散の形式的権限に
ついて述べている規定です。その規定から、天皇の名の下に、首相が自
分勝手な意思で衆議院を解散し、衆議院議員を全員クビにするような実

質的な権限を導き出すことは解散権の濫用であり、憲法違反ではないかという考えもあります。しかしながら、7条解散のおかげで、衆議院選挙に勝利した政党を中心に、直近の民意を反映させる強い権力基盤の内閣が形成され、行政がよりスピーディーでダイナミックに前進するという長所もあります。一概に7条解散の意義を否定することはできないのです。

　いずれにしても、衆議院の解散自体は憲法により認められている内閣の権限であり、立法府と行政府との権力均衡関係を維持する機能と言う意味でも、7条解散も69条解散も合憲であると言えるでしょう。

第11章　司法と裁判所

　日本国憲法第6章は**司法**に関する規定です。三権分立と言うと、高校や中学で、「司法・行政・立法」と言う順番で習った人も多いでしょう。前述したように、立法が最も民主主義的で、「国権の最高機関」と憲法に規定されているのにもかかわらず、なぜ、学校で習う三権分立の最初に司法が挙げられるのでしょうか？

　これは、江戸時代の「お奉行様」や「お上の御沙汰」という言葉で代表されるように、日本人にとって司法は、国民の上に存在し、公平で正義の判決を下すありがたくも、どこか恐れ多い（身近ではない）存在として理解されてきた名残でもありましょう。2009年に裁判員制度が導入されるまで、司法には民主主義的な側面が薄いとされてきました。裁判の当事者や証人になることを除いて、法律の専門家ではない一般国民が司法に関与することは稀でした。このように、三権分立の中で最も民主主義から遠い存在であったにもかかわらず、国民から「ありがたい」と思われる司法とはどのような機関なのでしょうか？

1．司法権

定義

> 憲法76条①　すべて司法権は、最高裁判所及び法律の定めるところにより設置する下級裁判所に属する。

日本における三権分立のうち、**司法権**を有しているのが**最高裁判所**と、法律によって設置される**下級裁判所**です。**司法権**とは、訴訟において審理し事実を法律に照らし合わせて判決を下す権利です。**司法権の対象**としては、**民事事件**、**刑事事件**、**行政事件**があります。

三審制

> **憲法81条**　最高裁判所は、一切の法律、命令、規則又は処分が憲法に適合するかしないかを決定する権限を有する終審裁判所である。

　憲法81条によって、最高裁判所は、日本におけるすべての裁判所の最上位に立つ「**終審裁判所**」であると規定されています。最高裁判所における判断が最終判決なのです。
　最高裁判所以外の下級裁判所は、高等裁判所、地方裁判所、家庭裁判所及び簡易裁判所であり、憲法ではなく、裁判所法2条1項に規定されています。

　裁判所の序列を図にすると右のようになります。

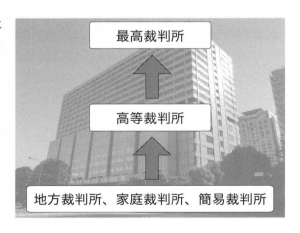

最高裁判所
高等裁判所
地方裁判所、家庭裁判所、簡易裁判所

民事訴訟や刑事訴訟の多くが、第1審と言われる**地方裁判所**から始まります。その判決に不服があり、一定の条件を満たした場合には、**高等裁判所**に**控訴**がされます。そして高等裁判所における判決にも納得がいかず、やはり条件を満たした場合には、**最高裁判所**に**上告**されます。この3段階を経て、最終的に判決が確定されます。この仕組みを**三審制**と言います。

2. 裁判官の権限と役割

裁判官　　裁判所を構成し、裁判において判決を下すのが**裁判官**です。

> **憲法80条①**　下級裁判所の裁判官は、最高裁判所の指名した者の名簿によつて、内閣でこれを任命する。その裁判官は、任期を十年とし、再任されることができる。但し、法律の定める年齢に達した時には退官する。

　憲法80条1項により、最高裁判所以外の下級裁判所の裁判官は、最高裁判所が指名をし、内閣により任命されると規定されています。裁判官の任期は10年であり、再任もされます。また、裁判官にも定年退官があります。裁判所法50条は、最高裁判所と簡易裁判所の裁判官の定年は70歳、その他の下級裁判所の定年は65歳と規定しています。

> **憲法76条③**　すべて裁判官は、その良心に従ひ独立してその職権を行ひ、この憲法及び法律にのみ拘束される。

　憲法76条3項で**裁判官の独立**が認められており、それぞれの裁判官が訴訟事実を法律に照らし合わせた上で、自らの法律知識や、常識、良心な

どに従って、判決を下すことが認められています。

憲法78条　裁判官は、裁判により、心身の故障のために職務を執ることが
　できないと決定された場合を除いては、公の弾劾によらなければ罷免され
　ない。裁判官の懲戒処分は、行政機関がこれを行ふことはできない。

　裁判官に一定の**身分保障**をした規定が、憲法78条です。（最高裁判所裁
判官以外の）裁判官を罷免、すなわち、クビにするためには、裁判官とし
ての職務を行うことが出来ないと裁判所に認定された場合か、裁判官の弾
劾手続（身分保障のある特定の公務員に職務上の義務違反や非行などがあったと
きに、その者を訴追し罷免するための特別の手続です）に基づき弾劾が認めら
れた場合でなければならないとしています。

　また、行政機関が必ずしも罷免にならない程度の処分をも含めた懲戒処
分でさえも行うことはできないとした点で、憲法76条3項に加えて、裁
判官の独立を保障している規定とも言えましょう。最高裁判所の裁判官の
罷免手続については後述します。

最高裁判所の規則制定権

憲法77条①　最高裁判所は、訴訟に関する手続、弁護士、裁判所の内部規
　律及び司法事務処理に関する事項について、規則を定める権限を有する。

　憲法77条1項により、最高裁判所は、裁判所の自律的な事柄について、
規則を制定する権利を有しています。そのようにして規定されたものが**最
高裁判所規則**であり、**民事訴訟規則**や**刑事訴訟規則**などが例として挙げら
れます。

最高裁の大法廷。写真は参議院選定数訴訟の判決が言い渡された最高裁判所大法廷（2006年10月4日　時事）

最高裁判所裁判官

憲法79条①　最高裁判所は、その長たる裁判官及び法律の定める員数のその他の裁判官でこれを構成し、その長たる裁判官以外の裁判官は、内閣でこれを任命する。

②　最高裁判所の裁判官の任命は、その任命後初めて行はれる衆議院議員総選挙の際国民の審査に付し、その後十年を経過した後初めて行はれる衆議院議員総選挙の際更に審査に付し、その後も同様とする。

③　前項の場合において、投票者の多数が裁判官の罷免を可とするときは、その裁判官は、罷免される。

④　審査に関する事項は、法律でこれを定める。

　最高裁判所は**15名の裁判官**によって構成され、その長として、**最高裁判所長官**がいます。最高裁判所の裁判官の人数は、**裁判所法5条3項**によって規定されています。最高裁判所の裁判官は、憲法6条2項により**天皇**によって**任命される**長官を除いて、**内閣**によって**任命**されます。その上で、任命後の最初の衆議院議員総選挙の際に、選挙権のある国民（**有権者**）

による審査を受けます。これを、最高裁判所裁判官の**国民審査**と言います。国民審査の投票用紙には、審査対象となる裁判官全員の氏名が記されており、投票者は罷免するべきだと思う裁判官の氏名の上欄に×印を記入します。×印以外、理由やコメントなど何かを書き込むことは認められていません。国民審査により、全投票者の過半数が裁判官を罷免するべきであるとした場合、その裁判官は罷免されます。なお、国民審査で罷免されなかった最高裁判所裁判官も、以後10年ごとに国民審査を受けます。その点で、上述したような下級裁判所の裁判官の弾劾手続とは異なる制度であると言えます。審査に関する事項についても最高裁判所裁判官国民審査法によって定められます。

違憲審査権

> **憲法81条**　最高裁判所は、一切の法律、命令、規則又は処分が憲法に適合するかしないかを決定する権限を有する終審裁判所である。

　憲法81条は、裁判所に「一切の法律、命令、規則又は処分」が憲法違反かどうかを決定する権限を有しています。これが**違憲審査権**です。この違憲審査権に「国際法や条約」という文言がないために、憲法と国際法のどちらが優先するかについて議論があることは第1章で述べたとおりです。また、条文の主語が「最高裁判所は」とあるため、紛らわしいのですが、最高裁は、憲法81条は、「最高裁判所が違憲審査権を有する終審裁判所であることを明らかにした規定であって下級裁判所が違憲審査権を有することを否定する趣旨をもっているものではない」として、**食糧管理法違反事件判決**（1950年）により、**最高裁判所だけでなく下級裁判所にも違憲審査権**を認めています。

> 憲法76条② 特別裁判所は、これを設置することができない。行政機関は、
> 　終審として裁判を行ふことができない。

　ドイツでは、法律などの条項や行政行為の合憲性を決定する特別な裁判
所である、**憲法裁判所**が存在します。ドイツの憲法裁判所では、具体的な
事件が起きていなくても、法律などの合憲性を審査できますし、立法過程
において事前審査的に法律の合憲性を決定することができます。しかし、
日本では、憲法76条2項により、三審制、つまり、前述したような通常
裁判所の組織体系に属さない、特別の身分の者や種類の事件について判断
するような、**特別裁判所は認められていません**。したがって、憲法裁判所
は、軍法会議や皇室裁判所などと同じく、憲法違反であるとして導入され
ていないのです。下級裁判所および最高裁判所において合憲性の審査を行
い、ドイツとは異なり、具体的な事件や法的問題が起きる前に、法律や行
政行為の合憲性を審査することはできません。これは日本国憲法がモデル
としている米国と同様です。

裁判の公開

> 憲法82条① 裁判の対審及び判決は、公開法廷でこれを行ふ。
> ② 　裁判所が、裁判官の全員一致で、公の秩序又は善良の風俗を害する虞
> 　（おそれ）があると決した場合には、対審は、公開しないでこれを行ふこと
> 　ができる。但し、政治犯罪、出版に関する犯罪又はこの憲法第三章で保障
> 　する国民の権利が問題となつてゐる事件の対審は、常にこれを公開しなけ
> 　ればならない。

　憲法82条1項で、**裁判の一般公開**が明記されています。憲法82条に規
定されている「**対審**」とは、法廷において訴訟当事者がそれぞれの主張を

言い合うことです。しかし、同条 2 項にあるように、裁判所が、裁判官の全員一致により、公序良俗を害するおそれがあると判断した場合には、対審は公開されません。また、2 項の但書により、政治犯罪や出版に関する犯罪、そして、国民の人権が問題となっている事件の対審は常に公開が義務づけられています。

Discussion テーマ

○ 立法や行政に比べて、司法が身近に感じられない理由はなぜだろうか？

○ 三審制は妥当な制度であろうか？　なぜ「一審制」でも「二審制」でもなく「三審制」なのだろうか？

コラム──事例から考える　裁判員制度と国民の司法参加

　2009年5月より、日本に裁判員制度が導入されました。これは、殺人罪や放火罪、強盗致死傷罪など重大な罪になりうる**刑事裁判の第1審**において、事件ごとに有権者の中からランダムに選ばれた**裁判員**が裁判官とともに審理に参加し、証拠調べの後、合議で判決と量刑を下す制度です。裁判員裁判を受けるべき刑事事件においては、被告も被害者も、証人も、裁判員裁判を拒否することはできません。裁判員6名と裁判官3名による裁判員裁判を原則としています。

　裁判員は、原則として、審理において知り得た情報や評決の過程などについて、終身、守秘義務を負います。この義務に違反した場合は、6か月以下の懲役刑または50万円以下の罰金刑になります（**裁判員法9条2項および79条**）。

　裁判員制度は、**国民の司法参加**を通して、**国民の常識を刑事裁判に反映**させるとともに、国民が司法を身近なものと理解し、司法への信頼性を高めることを狙っています。前述したように、いわば、**司法における民主主義を強化**することを目的としているのです。裁判員に選ばれた有権者には、法律の専門家であるなど、特段の理由がない限り拒否権がないために、強制的に裁判員裁判に参加させられることとなります。また、ランダムに選ばれるため、生涯、裁判員に選ばれないこともあります。

　制度開始から10年を経て、裁判員制度の認知度は高まった一方で、国民の司法参加に対する支持や理解が深まっているとはまだ言えない状況です。日本国憲法がモデルとしている米国では、陪審制度が憲法に明記されており、一般市民（陪審員）が刑事訴訟と民事訴訟の双方に参加し、証拠を調べ、有罪か無罪の判決を下しています。

　しかし、独立前の植民地時代から陪審制度を有していた米国と異なり、日本は長い間、裁判官が判決を下す訴訟制度を原則としていたため、（昭

和初期から戦中まで刑事裁判において陪審制度を有していた時代もありました）国民の司法参加が伝統となるには至っていないのです。司法の民主主義を進めていく道は未だ厳しいものがあると言わざるをえません。

第12章　地方自治

　日本国憲法第8章は**地方自治**に関する規定です。地方自治とは、**地方公共団体**の運営は、そこに居住する住民の意思に基づき行っていこうということを言います。

　江戸時代の日本では、幕藩体制と言って、江戸（現在の東京）にある徳川幕府を中心としつつも、各藩に大名がおり、それぞれの藩（領地）の運営を認められていました。大名は幕府の命令により、幕府の公共事業に出費をしたり、参勤交代と言って、定期的な江戸出張を義務づけられていました。一方で、それぞれの藩において効力を持つ法律（藩法）は幕府の制定した法律（幕法）とは異なる地域的特性を持ったものも多く、まさに江戸時代版の**地方分権**と言っても過言ではない性質のものでした。

　ところが、明治維新後、富国強兵の名の下に欧米列強と対峙していく必要から、強い**中央集権体制**を構築する必要性が出てきました。藩は廃止され、代わりに全国に県が配置され（廃藩置県）、東京にある明治政府にすべての権力と財源を集中させる中央集権体制が構築されたのです。国家は日本全国において均一的な行政を実現しようと、地方にまつわる多くの事項を中央で管理・決定しました。

　しかしながら、北海道と沖縄県の気候が異なるように、地域によって状況も特性も異なる中で、地方の実情や地域住民の要望を鑑みることなく、すべてを中央で決定し運営することは不可能でした。そこで、地方の独自性を重視するべく、地方自治の発想が出てくるのです。戦後、日本国憲法第8章の規定により、日本でも地方自治の必要性が憲法に明記されました。

定義

> 憲法92条　地方公共団体の組織及び運営に関する事項は、地方自治の本旨
> に基いて、法律でこれを定める。

　憲法92条は、地方自治とは法律に定められたように行われるとしていま
す。この法律が、**地方自治法**です。憲法92条の規定する**地方自治の本
旨**とは、**住民自治**と**団体自治**の２つを意味します。住民自治とは、その地
域に住む住民自らの意思に基づき、その地域の運営を住民たち自身の手で
行っていくということです。そして、団体自治とは、国が地方公共団体の
運営に干渉をすることなく、地方公共団体が自主的かつ自律的に、その地
域の実情に沿って行政を行っていくことです。地方公共団体やその住民は
地方自治の実現のために大きな負担と責任を負います。日本国憲法の根本
的な考え方である自由主義と民主主義になぞらえ、**住民自治は民主主義、
団体自治は自由主義を反映**させたものであると考えることもできるでしょ
う。また、団体自治を**地方分権**と言い換えることも可能です。

　また、憲法8章は、前述した政教分離の原則や大学の自治同様、地方自
治の本旨（住民自治と団体自治）を強化する**制度的保障**の規定と考えること
もできます。

国と地方公共団体の関係

　地方公共団体において「**民主的にして能率的な行政**」（地方自治法1条）
が行われ、地方公共団体が「**健全な発達**」（同条）を遂げていくために、
国と地方公共団体は適切な関係で協力し合い、地方自治を実現していかな
くてはなりません。そして、その関係は、決して国が地方公共団体の上に
立つような主従関係ではなく、**対等な協力関係**でなくてはならないのです。
すなわち、国は、基本的に、地方の運営をその地方に委ね、国家全体に関

係するような事柄のみを決定し、地方相互の利益が衝突する際には、国家全体のことを考えて調整をするのです。

首長と地方議会

憲法93条① 地方公共団体には、法律の定めるところにより、その議事機関として議会を設置する。

② 地方公共団体の長、その議会の議員及び法律の定めるその他の吏員は、その地方公共団体の住民が、直接これを選挙する。

憲法93条により、**地方議会**が設置され、地方公共団体の長である**首長**や地方議会の議員などは、各地方公共団体の住民が**直接選挙**により選ぶことになります。この地方議会は、中央政府にとっての単なる諮問機関ではなく、首長や議員は地域住民によって民主的に選ばれ、住民の意思を反映させる住民の代表でなくてはならないのです。まさに**住民自治の考え方を反映**させている規定と言えましょう。

首長や議員の任期は4年であり、議員とは別に住民から直接選挙される性質から、米国などの大統領制と類似していると言われることもあります。

地方公共団体の権能

> **憲法 94 条** 地方公共団体は、その財産を管理し、事務を処理し、及び行政
> を執行する権能を有し、法律の範囲内で条例を制定することができる。

　地方公共団体の権能として、憲法 94 条は**財産管理**、**事務処理**、**行政執行**、そして、法律の範囲内での**条例制定**を挙げています。条例は法律よりも下位に置かれますが、法律が規定していない領域を規制したり、時として法律よりも厳格な規定を置くことが可能となっています。これらの権能は、**団体自治の考え方を反映**させている規定と言えます。

住民投票

> **憲法 95 条** 一の地方公共団体のみに適用される特別法は、法律の定めると
> ころにより、その地方公共団体の住民の投票においてその過半数の同意を
> 得なければ、国会は、これを制定することができない。

　憲法 95 条によって、国は特定の地方公共団体が不利益を被るような特別法を安易に制定することができないように規制されています。そのような法律を制定する際には、地方公共団体において**住民投票**を行い、投票総数の過半数の同意を得なければいけないのです。住民は投票用紙に賛成または反対を記載して投票します。日本国憲法が制定された後、住民投票を経た特別法は 19 例あります。いずれも地方公共団体にとって不利益なものではなく、むしろ地方公共団体に財政的優遇措置を与えるものであり、19 例すべてにおいて賛成多数によって成立しました。

地方分権のバランス

　2000 年に施行された**地方分権一括法**が、「国の機関」（いわば国の下部組織）として国の事務処理を代行する**機関委任事務を廃止**したことで、法の上では、国と地方公共団体は明確に対等な関係になりました。とはいえ、現在に至るまで、日本は**東京一極集中型**の国家であり、地方分権は不十分であると指摘する声も少なくありません。首都直下型地震が起きた場合のリスクの分散化などから、東京以外の道府県への首都機能の一部移転、ひいては首都移転などが議論されることもありますが、2020 年の東京オリンピック・パラリンピックの実施もあり、東京がいまだに日本における政治・経済・文化などの中心地として、まさに「首都」となっている状態です。2012 年末に民主党から政権を奪還した安倍政権は、**地方創生**の名の下に、今までとは次元の違う、**高レベルな地方分権**や、地方と東京など都心部の**格差の是正**を目指してきました。地方の人口減少を食い止めれば、国家全体の活力を挙げられると考えているのです。

　そもそも地方分権の意義とは、その地方特有の問題をその地方の住民が対策を考え、実行していくことができる自由です。インターネットによってあらゆる情報を手に入れることができる時代になったとは言えども、各地方の実情や住民の感覚は、狭い日本と言う島国においても千差万別であり、その地方に住んでいなければよくわからないこともあります。それゆえ、「地方のことは地方で決め、責任をとる」という姿勢が自由主義国家において、重要なのです。

　一方で、日本および日本国民と言う国家・国民のアイデンティティや誇り、国家の統一性は持ち続けていかなければなりません。また、１つの地方の事情を押し通すことで、日本という国家の未来が危うくなるような事態を招いてしまうようでは、地方分権の濫用、「地方のエゴ」になってしまいます。地域主権という言葉の響きは良いですが、日本における主権者は国民であり、一部の（地域）住民ではないのです。また、地方独自の税

愛知など3県の地方自治法施行60周年記念貨幣。2010年度後半に発行された（左から）愛知、青森、佐賀各県の地方自治法記念貨幣。上段が1000円貨幣、下段が500円貨幣。［財務省提供］（時事）

収が増え過ぎ、国税の収入が過度に減ると、国家の運営が厳しくなるとともに、地方財源の自由化を際限なく進めすぎると、大都会のような「富める地域」と人口および税収の少ない「過疎地」との格差がますます大きくなってしまいます。中央と地方のバランスを取りながらも、地方分権をさらに進めつつ、国家が外交や国防などは政府が全国レベルで責任を負うと共に、本当に必要な行政サービスのみを全国に均一的に提供することが肝要ではないでしょうか？

Discussion テーマ

○ 首都機能が東京に一極集中する理由は憲法にも要因があるだろうか？

○ 地域格差を解決するために憲法の規定を用いてできることがあるとすれば、何であろうか？

コラム──事例から考える　道州制

　本文で述べたように、明治維新後に廃藩置県をして以来、日本は、「都道府県」という基本的枠組を代えずに現在に至っています。地方分権をさらに推進するためには、この枠組では様々な弊害や限界があるという事実は否めません。また、近年の少子高齢化や過疎化に伴い、市区町村の合併が進むと、より広域にわたる効率的な地方行政の重要性が増大してきました。

　そこで、北海道から沖縄県までの都道府県という区分を廃止し、新たな行政区画として道と州を置く、**道州制**という地方行政制度が提案されています。現在の都道府県と変わらず、北海道は「道」のままですが、それ以外の地域は都府県よりも広大な行政区画である複数の「州」に分けられます。道州には、現在の都道府県よりも、高度な行政権や自治権を与えようとする制度です。2006年に**道州制特区推進法**が制定され、道州制の実現に向けて政府が突き進んでいくようにも思えました。

　しかし、州や州都をどのような枠組で配置していくかについて様々な利害関係が絡んでくることや、地方裁判所や警察など今まで都道府県単位で置かれていたものを道州に変えていく際に弊害は出ないのかという懸念、ひいては日本という小さな国家に米国やドイツのような連邦制を導入することは妥当ではないなどという道州制と連邦制を混ぜこぜにした誤解までまかり通ってしまう事態になってしまっています。

　2020年、東京オリンピック・パラリンピックが一つの時代を画する国家行事であるならば、これを機に、明治維新以来の行政区画から脱し、より地方分権を進め、地方の、さらには国家の活力増強へと持って行けるような道州制の議論を活性化させる必要があるのではないでしょうか？

第13章　憲法9条と自衛隊

憲法前文

　日本国民は、正当に選挙された国会における代表者を通じて行動し、われらとわれらの子孫のために、諸国民との協和による成果と、わが国全土にわたつて自由のもたらす恵沢を確保し、政府の行為によつて再び戦争の惨禍が起ることのないやうにすることを決意し、ここに主権が国民に存することを宣言し、この憲法を確定する。そもそも国政は、国民の厳粛な信託によるものであつて、その権威は国民に由来し、その権力は国民の代表者がこれを行使し、その福利は国民がこれを享受する。これは人類普遍の原理であり、この憲法は、かかる原理に基くものである。われらは、これに反する一切の憲法、法令及び詔勅を排除する。

　日本国民は、恒久の平和を念願し、人間相互の関係を支配する崇高な理想を深く自覚するのであつて、平和を愛する諸国民の公正と信義に信頼して、われらの安全と生存を保持しようと決意した。われらは、平和を維持し、専制と隷従、圧迫と偏狭を地上から永遠に除去しようと努めてゐる国際社会において、名誉ある地位を占めたいと思ふ。われらは、全世界の国民が、ひとしく恐怖と欠乏から免かれ、平和のうちに生存する権利を有することを確認する。

　われらは、いづれの国家も、自国のことのみに専念して他国を無視してはならないのであつて、政治道徳の法則は、普遍的なものであり、この法則に従ふことは、自国の主権を維持し、他国と対等関係に立たうとする各国の責務であると信ずる。

　日本国民は、国家の名誉にかけ、全力をあげてこの崇高な理想と目的を達成することを誓ふ。

日本国憲法のことを「平和憲法」と称賛する人たちがいます。憲法の基本原理のうちの1つである平和主義を日本国憲法が誇るべき特徴であると言うのです。第2次世界大戦に対する反省から、日本は憲法前文に平和主義を明記し、憲法9条によって、二度と軍国主義へと戻らないように、くさびを打ちました。本章では憲法9条の分析を通して、また自衛隊の存在意義を考え、憲法がどのように平和主義を実現しうるのかについて検討していきます。

1. 憲法9条

憲法9条① 日本国民は、正義と秩序を基調とする国際平和を誠実に希求し、国権の発動たる戦争と、武力による威嚇又は武力の行使は、国際紛争を解決する手段としては、永久にこれを放棄する。

憲法9条は1項で、**戦争を放棄**しています。ただしこの戦争とは、「**国権の発動たる**」戦争です。つまり、日本の国家権力が戦争を起こすことを放棄しているのです。いくら日本が「戦争はやめます」と宣言したところで、他国が生じさせた戦争に巻き込まれることは放棄しようがないのです。また、同じく1項が付けている条件として、武力による威嚇（いかく）または武力行使を「**国際紛争を解決する手段としては**」永久に放棄するとしている点が指摘できます。

国際紛争の解決手段でなければ、武力による威嚇または武力行使を行うことができるということは、日本の防衛上、重要な意味を持っています。この条件がなければ、たとえ他国が日本を武力攻撃しても、あらゆる武力行使を禁止されている日本は、反撃はおろか防御手段もとれないことになります。これでは、日本という国家を防衛することができません。そこで、この「国際紛争を解決する手段としては」という条件が付けられ、すべて

の独立国家に認められる「**自衛権**」が憲法上も保障されていると理解されるのです。

憲法9条② 前項の目的を達するため、陸海空軍その他の戦力は、これを保持しない。国の交戦権は、これを認めない。

　日本は軍隊を持たない平和主義国家であり、そのことを世界から尊敬されていると主張する人々もいます。日本が尊敬の対象となっていることは喜ばしいことでありますが、日本は憲法上、「陸海空軍その他の戦力」を必ず持てないわけではありません。憲法9条2項に「**前項の目的を達するため**」という条件が付いているからです。前項、すなわち憲法9条1項の目的とは、「正義と秩序を基調とする国際平和を誠実に希求」することですから、このことに違反しないような自衛のための戦力は保持しても良いと解釈できます。

　裁判例においても、水戸地方裁判所が、**百里基地訴訟第1審判決**（1977年）において同様の解釈を示し、「わが国は、外部からの不法な侵害に対し、この侵害を阻止、排除する権限を有するものというべき」とし、「わが国が、外部から武力攻撃を受けた場合に、自衛のため必要な限度においてこれを阻止し排除するため自衛権を行使することおよびこの自衛権行使のため有効適切な防衛措置を予め組織、整備することは、憲法前文、第9条に違反するものではない」と述べました。

　また、憲法9条2項は「**国の交戦権**」を明確に否認しており、日本は他国と戦争を交える権利を放棄しています。1946年9月に金森徳次郎国務大臣が述べた政府見解によれば、憲法9条1項は決して自衛戦争を放棄しているわけではありませんが、2項で、「前項の目的を達するため」陸海空軍その他の戦力を持たず、国の交戦権を否定していることから、結局、

すべての戦争手段を放棄していると解釈しています。つまり、2項のおかげで、1項だけならば認められたであろう自衛戦争が放棄されているという考え方なのです。しかしながら、国の交戦権を否定しつつも、他国からしかけられた戦争のせいで日本の領土や国益を損ねた場合には、それに交わりたくなくても否応なしに反撃・防衛しなくてはなりません。これは国家を保持するためには当たり前のことでもありましょう。たとえ憲法9条2項が「国の交戦権」を認めなくても、他国が日本を攻撃すれば交戦せざるを得ないのが現実とも言えるのです。1953年8月に出された下田武三外務省条約局長による政府見解においては、交戦権を伴う自衛戦争と、国家が当然に有している自衛権に基づく自衛行動を別の概念と理解し、後者は交戦権ではなく自衛権の行使であるから、合憲であるとしています。しかし、自衛戦争も自衛行動も、どちらにしても交戦を伴う可能性が高く、これらの政府見解は実際に起こる事態から考えれば、少し無理のある見解とも言えるのです。

憲法9条は、1項で侵略戦争のみを放棄し、2項で、1項の目的に従って、侵略戦争のための戦力のみを放棄していると理解し、自衛戦争および、自衛のための戦力は放棄していないというのが現実的な解釈の1つであるとも言えます。

2. 自衛隊の位置づけ

日本国憲法の施行後、朝鮮戦争が勃発すると、米国は日本国憲法を改正し、日本の再軍備を要請するようになりました。憲法9条の枠組の中で、たとえ朝鮮戦争にできるだけ集中したい米軍の一部が抜けたとしても、日本の防衛を担えるような、いわば「警察以上・軍隊未満」の部隊が必要となりました。そのような流れにおいて、1954年に自衛隊法の施行により**自衛隊**が設立されました。自衛隊は、日本の平和と独立および安全を保持するために設置された実力部隊と定義できます。憲法9条2項により、日

本は軍隊を持てませんから、実力部隊と言っています。自衛隊は陸上自衛隊・海上自衛隊・航空自衛隊の３部隊から構成されます。自衛隊の最高指揮官は首相であり、隊の統括は首相の下で、防衛大臣が行います。これを軍人による統制ではなく、政治家が自衛隊を統制する、**文民統制**（シヴィリアン・コントロール）と言います。文民については第10章で述べたとおりです。

　政府見解は、憲法９条は「戦力」に至らない程度の必要最小限度の実力の範囲内であれば、自衛権を認めているとしており、**自衛隊は「戦力」に至らない**と述べています。しかし、この見解は現実から少し乖離していると思われます。例えば2018年度の日本の防衛費は５兆円以上です。1978年２月に提示された政府見解によれば、自衛力の必要最小限度とは、「その時々の国際情勢、軍事技術の水準その他の諸条件により変り得る相対的な面を有する」としていますが、５兆円以上の防衛費が必要最小限度と言えるかどうかは、感覚により異なるところがあると思います。一方で、自衛隊を戦力であるとした途端に、自衛隊の存在に対して憲法９条２項違反の疑義がはさまれてしまうから、現在の政府見解はやむを得ないものであるという考え方もあります。

最高裁による自衛隊の合憲性判断　　最高裁は、現在に至るまで、一度も自衛隊の存在が憲法違反であるかどうかの直接的な判断をしていません。**砂川事件判決**（1959年）において、最高裁は、憲法９条が主権国家として日本が当然に有している自衛権を否定するものではないとしました。

3. 自衛権

定義

　自衛権とは、国家が急迫不正の侵害を排除するために、武力により自国

自衛隊記念日観閲式（陸上自衛隊）。約4万人の人員と280の戦車・車両が参加（2016年10月23日、埼玉県朝霞市　EPA＝時事）

の領土・領海・領空・国民などを守る権利です。日本国憲法には自衛権が明記されていません。しかしながら、自衛権は国際法上、国家が当然に有している権利とされ、例えば、1928年に締結されたパリ不戦条約においても、自衛権の行使は条約が禁止した戦争の概念には含まれませんでした。

自衛行動の範囲　　自衛権の行使は、必ずしも日本の領土・領海・領空に限られるものではありません。政府見解は、自衛権を行使するのに必要な限度内であれば、その行動範囲は公海・公空に及ぶとしています。したがって、日本に対してミサイル攻撃などの急迫不正の侵害が行われ、他に手段がないと認められる場合に限り、そのミサイル発射基地に反撃することが可能なのです。

個別的自衛権と集団的自衛権　　国際連合憲章（国連憲章）51条は、自衛権を個別的自衛権と集団的自衛権の2つに分けて、明記しています。

国際連合憲章51条　この憲章のいかなる規定も、国際連合加盟国に対して武力攻撃が発生した場合には、安全保障理事会が国際の平和及び安全の維持に必要な措置をとるまでの間、個別的又は集団的自衛の固有の権利を害するものではない。この自衛権の行使に当って加盟国がとった措置は、直ちに安全保障理事会に報告しなければならない。また、この措置は、安全保障理事会が国際の平和及び安全の維持または回復のために必要と認める行動をいつでもとるこの憲章に基く権能及び責任に対しては、いかなる影響も及ぼすものではない。

　個別的自衛権とは、自国に対する侵害を阻止・排除するためだけに行使する自衛権です。これに対し、**集団的自衛権**とは、自国は直接的な武力攻撃を受けていないが、自国と密接な関係にある他国が侵害を受けた場合に、その国と共同して侵害を阻止・排除する自衛権です。例えば、近隣諸国が日本を攻撃した場合、日本はそれに反撃する個別的自衛権を行使します。一方、近隣諸国が日本付近の公海で展開する米国軍の船を攻撃した場合に、コラムでも言及する日米安保条約に基づいて、米国と協力して近隣諸国に反撃したのであるならば、これは集団的自衛権を行使することになります。

　国連憲章51条は、個別的自衛権も集団的自衛権も国家「固有の権利」と規定しました。

　ところが、日本国政府は、我が国は国際法が認めている集団的自衛権を保持しているが、憲法9条により、その権利を行使することは許されないと解釈していました。しかしながら、世界情勢をふまえ、安倍政権は2014年に政府見解を見直し、日本と「密接な関係にある他国に対する武力攻撃が発生し、我が国の存立が脅かされ、国民の生命、自由及び幸福追求の権利が根底から覆される明白な危険がある」場合で、「これを排除し、我が国の存立を全うし、国民を守るために他に適当な手段がなく」、「必要最小限度の実力行使にとどまるべき」場合に限って集団的自衛権を含む自衛のための武力行使・自衛行動が可能であるとしました。このように、政

府は、限定的な集団的自衛権の行使を容認するべく、憲法9条の解釈を変更したのです。

Discussion テーマ

○ 「平和主義＝軍隊を持たない」なのだろうか？　戦争は平和主義を唱えていれば避けられるものなのだろうか？

○ 憲法9条の解釈と日本を取り巻く国際情勢について考えてみよう。

　不幸にして第 2 次世界大戦で対立してしまうことになった日本と米国ですが、終戦後、米国は日本にとって自由と民主主義という根本的価値観を共有する最大の同盟国となりました。日本の防衛においては、全国の軍事的要所に米軍基地が配置され、米軍が自衛隊と共同して我が国の防衛にあたっています。この共同防衛の根拠は**日米安全保障条約（日米安保条約）**です。

　本文で論及した**砂川事件判決**において、最高裁は、憲法 9 条が、日本が他国に自国の安全保障を求めることを否定していないことや、外国の軍隊が憲法 9 条 2 項にある「戦力」に該当しないことをも判示しました。一方で、日米安保条約のように高度な政治性を持つ条約については、たとえ裁判所による法律判断が可能であっても、一見してきわめて明白に違憲無効と認められない限り、その内容について違憲かどうかの法的判断を下すことはできないとしました。これを**統治行為論**と言います。すなわち、最高裁は日米安保条約が憲法違反かどうかの司法審査を行わないと結論づけたのです。これは三権分立を維持する上では、妥当とは思われます。高度な政治性を有するような国家行為については、選挙などを通じた国民の政治的判断に依拠して合憲性を判断すべきであるという考えとも理解できます。

　日米安保条約が存在しないことを想像してみて下さい。日本国憲法は前文や憲法 9 条 1 項の規定からもわかるように、日本が外国から侵略されたり、戦争をしかけられることを前提としていないことは明らかです。しかしながら、日本の周辺には、勢力拡大を狙う大国や、暴発寸前の国家が存在します。このように地域の安全保障にリスクを抱える中で、日米安保条約は、日本の防衛だけでなく、極東地域における自由と民主主義を守るためにも、不可欠なものとなっています。

我々、日本人は、憲法9条があるから平和主義が実現できているわけではなく、日米安保条約や自衛隊と在日米軍の存在があるから平和主義が実現できているという現実の一面を忘れてはならないでしょう。

第14章　憲法改正手続

　憲法の条文を追加したり、変更したり、削除することを**憲法改正**（改憲）と言います。憲法改正の規定の存在により、「国家の大黒柱」としての国家の基本法である憲法は、クーデターや革命などの暴力的手段によらず合法的に、その形を時代に合った姿に変えることができるのです。前章で、たとえ憲法解釈を変えること（**解釈改憲**）がなされても、憲法が改正されない限り、自衛隊の存在を含めて日本の防衛に関する事項は、合憲性が「グレーゾーン」にとどまってしまうことが理解できたのではないでしょうか。

　ところが、**1947年に日本国憲法が施行されて以来、一度も憲法改正はなされていません**。たとえ1箇所でも憲法改正が実現すると、憲法9条の改正につながり、日本が「いつか来た道」を引き返し、軍国主義や戦争へと突き進んでしまうというのが憲法改正に反対する人々の主たる懸念です。しかし、70年以上もの長期にわたり憲法改正が一度も実現されていない理由は、憲法改正に反対する人々が国民の多数派であるからではありません。憲法をなかなか改正できないのは、日本国憲法が改正されにくい**硬性憲法**であるからなのです。

硬性憲法と軟性憲法

　憲法をその改正の困難さにより分類するやり方として、硬性憲法と軟性憲法という概念があります。すなわち、改正が比較的困難な憲法を**硬性憲法**、逆に改正が比較的容易なものを**軟性憲法**と言います。日本国憲法のように、その他の法律の改正手続よりもさらに厳格な改正手続を必要として

いる憲法が、硬性憲法とされます。国家の基本法である憲法に、国家の大黒柱としての法的安定性を求めるならば、硬性憲法は当然の性質であると言えます。一方で、硬性憲法があまりにも厳格な改正手続を規定すると、激しく変化する社会状況に憲法が適応できず、国家の基本法が、国家の現実から乖離してしまうおそれが生じます。

日本国憲法の改正手続

> 日本国憲法 96 条① 　この憲法の改正は、各議院の総議員の三分の二以上の賛成で、国会が、これを発議し、国民に提案してその承認を経なければならない。この承認には、特別の国民投票又は国会の定める選挙の際行はれる投票において、その過半数の賛成を必要とする。
> ② 　憲法改正について前項の承認を経たときは、天皇は、国民の名で、この憲法と一体を成すものとして、直ちにこれを公布する。

　日本国憲法は、通常の法律と異なり、憲法 96 条に改正手続を規定しています。これにより、日本国憲法が硬性憲法であること、そして、改正の困難さにおいても、その他の法律とはまさに「別格の存在」であることを明確に示しています。

　具体的な手続としては、憲法 96 条 1 項にあるように、**まずは衆議院と参議院の両議院の議員総数の 3 分の 2 が憲法改正の発議に賛成した上で、国民投票を行い、その投票の過半数がその憲法改正案に賛成した場合に、**96 条 2 項にしたがって直ちに、天皇により国民の名の下に、日本国憲法と一体を成すものとして、改正された条項が公布されます。憲法改正に対する国民投票の具体的な実施方法について憲法は明記しておらず、2007年に制定された**日本国憲法の改正手続に関する法律**によって規定されています。具体的には、国会で憲法改正が発議された後、60 日から 180 日以内に 18 歳以上のすべての国民により投票が行われ、その有効投票総数（白票や無効票の数を除き、賛成票と反対票の数の合計）の過半数が憲法改正に賛

日本国憲法の原本。1946（昭和21）年11月3日に公布された日本国憲法の公布原本（御署名原本）。右端が昭和天皇の御名、御璽（時事）

成することで憲法改正が実現するという手続です。

憲法改正の大前提

　憲法96条の手続にしたがって憲法改正案が承認されれば、憲法のいかなる条項も改正できるのでしょうか？　憲法96条2項にある「この憲法と一体を成すもの」という文言からも、日本国憲法の改正の対象はあくまでも個々の条項のみであり、全体としての日本国憲法という法典は継続されると考えられます。すなわち、**憲法改正とは日本国憲法の全部改正ではなく部分改正が大前提**であり、ほぼすべての条項を変更することは、もはや憲法改正ではなく、新憲法の制定と言えます。改正される条文の数が多すぎると、それにより憲法典としての全体の整合性が取りにくくなるため、結局、新憲法を制定せざるを得なくなってしまうでしょう。いわば、古い家屋の屋根において、雨漏りをする個所が多すぎて、それらをいちいち補修するよりも、屋根自体を作り直す方が合理的であるかのようにです。

また、日本国憲法の基本原理である、国民主権、人権尊重主義、平和主義の3つは、いかなることがあっても改正することはできないとする考えもあります。例えば、憲法96条2項には天皇が「国民の名で」改正された条項を公布するとあることから、国民主権は憲法改正の対象外であると理解できます。このように、憲法の基本原理が改められてしまうと、それは別の憲法、新憲法であると理解することもできます。

　さらに、厳格な憲法改正要件を定めた憲法96条1項を改正することはできないとする考え方もあります。一方で、仮に憲法96条1項の衆参両院の総議員の「3分の2」という要件を「過半数」に変える憲法改正がなされたとしても、国民投票という必要条件を削除しないのであれば、国民主権は損なわれず、他の法律とは違う「別格の法にふさわしい改正手続」は変更されることがないので、96条1項の改正も可能であるという考えもあります。

Discussion テーマ

○　もし日本国憲法が軟性憲法であったら、憲法改正は容易になされていただろうか？

○　憲法改正ではなく、新しい憲法を一から作り直すことは日本国憲法上、可能であろうか？　その場合に起こりうる問題とは何だろうか？

　世界的には日本のように憲法改正が容易にされない硬性憲法の国は多いのでしょうか？　本コラムでは、いくつかの国の憲法改正の要件や改正回数を少し見ていきます。

　まず、日本国憲法がモデルとした**アメリカ合衆国憲法**ですが、日本国憲法と同様、やはり硬性憲法です。しかしながら、米国では憲法が制定された後に、何度もその内容に対する**修正条項**を加えていく形で憲法を改正していきました。

　改正手続としては、米国憲法5章により、米国の連邦議会において、上院と下院の両議院の3分の2が合意すれば、憲法改正が発議されます。または全50州の3分の2の州議会の請求がある時は、憲法改正発議のための憲法会議を招集しなくてはなりません。どちらの場合でも、発議された憲法改正案は、すべての州の4分の3の議会によって承認されるか、または同数の憲法会議によって承認されることによって実現します。連邦議会がいずれの承認方法を採るかを決めます。日本国憲法と異なり、米国では憲法改正のための国民投票は必要とされません。歴史上、憲法修正21条を除いて、すべての修正条項が、連邦議会の両議院の3分の2の合意と、すべての州の4分の3の議会による承認により、効力を持ちました。米国では憲法は全部で18回（その内、第2次世界大戦後には6回）改正され、その修正条項数は27か条にまでのぼります。

　日本の隣国の韓国では、1948年に憲法が制定されてから、9回も憲法改正がされました。第2次世界大戦後に憲法改正が多く行われている国々としては、イタリアにおける15回、フランスにおける27回、ドイツにおける60回以上の憲法改正が例として挙げられます。

　逆に日本のように長期にわたり改正がされていない憲法の事例として

は、デンマーク王国憲法が挙げられます。デンマークでは 1849 年に現行憲法が制定されてから、最後に憲法が改正されたのは 1953 年です。ちなみに最後の憲法改正で、デンマークでは両院制が廃止され、一院制の議会となりました。このように、デンマークでは 65 年超にわたり憲法が改正されていないことは事実ですが、一方で、デンマークでは憲法制定以来、4回の憲法改正がなされている点で、日本とは異なるようです。

　憲法改正の数がすべてではありませんが、諸外国の憲法と比較して、日本国憲法の改正手続の厳格さや、改正回数の少なさが特異であることがよく理解できると思います。

第 15 章　新しい人権

　硬性憲法ゆえの日本国憲法改正の困難さは前章で述べたとおりです。し
かしながら、1947 年に施行されて、70 年以上も改正されることなく現在
に至った日本国憲法は、社会の変化や現実に本当に適応できているので
しょうか？　憲法改正と言えば、憲法 9 条の改正を意味するように捉え
られがちですが、そもそも日本国憲法において改正を必要とするべき点は憲
法 9 条以外にも存在すると言えます。中でも、日本国憲法の制定時には想
像もできなかった科学技術の進歩や激動する世界情勢は、憲法に**新しい人
権**を規定することを求めています。

　新しい人権とは、日本国憲法制定時には想定しなかったような概念であ
るけれども、現代を生きる国民にとって必要不可欠な人権を言います。具
体的に新しい人権と思われるような権利について、以下に例示していきま
す。

名誉権　　他人の評判を傷つけることで、その人の社会的評価や信用を貶
め、人格に対する自己の感情を傷つけた場合、名誉毀損となりえます。民
法や刑法で名誉毀損について規定されてはいるものの、**名誉権**という人格
価値に対する権利は、憲法上にも当然明記されるべきでしょう。特に、現
代日本では、教育現場や職場など、社会の様々な場面における「いじめ」
の問題が深刻化しています。また、SNS やネット空間においては、個人
攻撃の過激化・「炎上」により他人の名誉を無意識のうちに傷つけ、不特
定多数の人々に根拠もない批判を受けて名誉を傷つけられることも多々生
じます。一度、失われた名誉を回復することは極めて難しいですが、民法

や刑法だけではなく、憲法に規定されることで、名誉権をより強く保護することができるのです。

プライヴァシー権　すでに第5章で述べたとおり、1990年代にインターネットが我々の生活から不可欠な存在となった後、SNSが発達する現代において、知名度にかかわらず国民のプライヴァシーが不当に侵害されることが増えています。そこで、憲法に**プライヴァシー権**を明記し、他人に知られたくないような個人情報の保護を徹底する必要があります。

肖像権　プライヴァシー権に関連して、SNSなどで肖像権が侵害され、個人の肖像の悪用や犯罪に巻き込まれることのないように、憲法が肖像権を規定する必要もあると考えられます。人間の顔は、建物のセキュリティや携帯電話などの顔認証などに用いられるほど、重要な個人情報であり、プライヴァシー権や肖像権の規定が、個人情報保護をさらに強化できるのです。

知る権利　マスメディアにとって、プライヴァシー権や肖像権を憲法が規定することは、自由な報道・取材や記事の作成を妨げる脅威となりかねません。そこで、表現の自由とのバランスをとるためにも、憲法に**知る権利**を規定する必要があります。ただし、知る権利の主体はあくまでもマスメディアではなく、国民としておくべきです。それにより、マスメディアは自らの利益の追求のためだけに報道を過熱化することなく、常に国民の「知る権利」に応え、国民の利益のために国民に事実を伝え、必要な情報を供給していく義務を再確認できます。日本が「思想の自由市場」であるためにも、マスメディアが「国民に正当な判断基準としての情報をもたらす存在」としてのプライドを持つためにも、知る権利が規定されるべきなのです。

　なお、知る権利を、国や地方自治体の**情報公開制度**と関連づけて規定するべきであるという主張もあります。民主主義を推し進めるためには、

我々の納付した税金の使い道や、行政が適切に予算を執行できているかどうかを国民の目に明らかにする必要があるからです。しかし、情報公開を推し進めるばかりに、国や地方自治体などが本来秘匿するべき国家機密や防衛上の重要情報までをも公開しなくてはならなくなれば、国家の安全にとって多大なリスクとなるでしょう。情報公開制度を憲法に規定するのであれば、それは**国家の安全を害することのない程度**においてなされると記載されるべきと考えられます。

知的財産権　特許権や商標権、著作権などを知的財産権と言います。日本人は、世界に誇るべき様々なアイデアや発明を産み出しています。しかし、日本人が苦労して産み出した発想や商品を、勝手に模倣し、あたかも自国で初めて産み出したがごとく発売し喧伝する国々も存在します。不正なコピー品から日本国民の**知的財産権**を守り、日本のみならず、世界を豊かにしていくようなアイデアや発明を憲法で保護していくことは重要です。

環境権　戦後の荒廃の中から、見事に高度経済成長を遂げた日本。その副作用として1960年代には、公害問題が深刻化しました。また、近年では地球温暖化に伴う様々な異常気象や甚大な台風被害が、国民に恐怖を与えています。そのような中で、健康で美しく良好な環境を享受し、次世代にそれらを残す権利や義務を憲法に規定するべきではないかという意見があります。これが**環境権**の議論です。

　より具体的に述べれば、**日照権**（高層の建築物から住宅などの日あたりを確保する権利）や、**ごみ問題、大気・土壌・海洋汚染問題、地球温暖化やヒートアイランド現象、騒音・振動・悪臭問題、生態系の保全**など多岐にわたる環境問題を国家がより強力かつ効果的に解決していくにあたり、環境権を憲法に記載することは重要な法的根拠となりえます。国家が毎年の予算に十分な環境保全予算を用意するためにも、環境権および環境保全義務を、憲法に明記するべきでしょう。

カナダ東部モントリオールで行われた、地球温暖化を食い止めることを目的とした若者らによる抗議デモ。「ストップ」と書かれた道路標識を顔に付けた男性も登場。モントリオールがあるケベック州ではこの日、総勢15万人の学生が抗議に参加。気候変動問題への関心の高さをうかがわせた。（2019年3月15日　AFP＝時事）

　また、環境保全義務に加え、景観の保護についての規定も設けられるべきであると考えます。開発が際限なく進みすぎると、日本が誇るべき歴史ある街並みや、美しい自然が破壊されていくおそれがあります。環境保護と景観保護はセットで規定されるべきでしょう。

喫煙権と嫌煙権　　喫煙をすることで、ストレスを解消する人もいるでしょう。しかし、それはあくまでも喫煙者の言い分であり、タバコの臭いを好きだと思う人よりも、喫煙による煙害などの迷惑、受動喫煙による健康被害を恐れる人々、すなわち**嫌煙派**は多いでしょう。喫煙をする権利が憲法13条の幸福追求権の一環として保護されていると主張する人々もいます。しかし、憲法が制定された当時には想像もつかなかった程度にまで、喫煙による健康被害が科学的に立証されています。健康被害は喫煙者だけではなく、その煙を吸った周囲の人々、例えば家族や会社の同僚などにまで及ぶのです。ましてや、妊婦および妊婦と暮らす家族の喫煙にともない、妊婦のおなかの中にいる赤ちゃんの健康被害までもが確認されているので

す。このような健康被害は、ある意味で公害であり、**憲法に喫煙権と嫌煙権とを併記し**、喫煙者や周囲の健康被害を防ぐ意味でも「公共の福祉」による喫煙権の制限を規定していく必要があるでしょう。

LGBT の権利　　第 7 章で論じたように、憲法 24 条が、婚姻とは両性の合意のみに基づいて成立するものであると規定しているせいで、**LGBT** の人々が**同性婚**をしたり、パートナーが亡くなったときに財産の相続ができない状況が放置されています。社会がどのように進歩しようと、世界中において男と女による婚姻が多数派であることに変わりはないでしょうが、LGBT の人々が、一度しかない人生において、他人による偏見や差別なしに自己を実現し、家族を形成することができるように、憲法が LGBT の権利を保護する規定を設けるべきでしょう。ただし、憲法改正の際には、LGBT の家庭に養子となって迎え入れられた子どもたちが、性の選択や特定の性的志向を親から強要されないように留意した規定とするべきと考えられます。

障がい者の権利　　近年の訪日外国人の劇的な増加や、2020 年の東京オリンピック・パラリンピックの開催は、公共交通機関や様々な場所におけるバリアフリー工事の推進など、障がい者にとって暮らしやすい街づくりを推進する良い契機となりました。しかしながら、社会には障がい者に対する偏見や、障がい者が暮らしにくい様々な不便が残っています。憲法に**障がい者の権利**を明記することで、国家に、いかなる状況においても障がい者が暮らしやすい社会を形成していく義務を明確に負わせるべきではないでしょうか。

虐待の防止　　日本は自由主義国家なので、「法は家庭に入らず」が大原則です。家庭はあくまでも「私」であり、それぞれの家庭がそれぞれの事情に応じて、異なる価値観や家庭内のルールを持ち、家庭内の問題を解決することは妥当であると言えましょう。しかしながら、日本では、国家が「家庭に入らず」の原則に縛られるばかりに、本来ならば児童相談所など

が適切に介入していれば防げたような、**いたましい虐待事件**の発生が後を絶ちません。子どもたちが虐待されることのないように、国家が家庭に適切に介入できるよう、憲法に保護者の責任や、国家の児童虐待防止義務といった規定を置くべきとも考えられます。

　また虐待を受けているのは子どもだけではありません。女性、老人、障がい者、犬や猫などのペットに自らのストレスをぶつけ、虐待している人々がいます。子どもを含め、自分より弱い者を攻撃することで心の平安を保つような人間の身勝手を許すことは許されません。虐待を防止することは国家にとって急務でありましょう。

被害者の権利　　憲法をはじめとして、日本の刑法や刑事訴訟法は、被告や容疑者の人権を守る一方で、**犯罪被害者の権利**の保護を軽視している印象を受けます。また、日本では、法曹や法学者などが、客観的に犯罪を立証し公平な裁きを行うことを重視し、加害者の人権を主張することは多くとも、被害者の権利保護には消極的に過ぎる傾向があります。例えば、殺人事件が起こった時に、マスメディアは、殺された被害者の実名や顔写真を速やかに発表するのに、加害者の顔写真の目を隠したり、加害者の実名を出すことを控える傾向にあります。加害者は裁判所による判決がでるまで**推定無罪**ですし、加害者の人権の尊重も当然に必要でありますが、公平性を期すのであれば、被害者の権利や犯罪被害に遭った方々の遺族の権利も十分に保護されるべきです。憲法に、被害者の権利を明記することによって、初めて、加害者と被害者のバランスが公平に保たれるのではないでしょうか？

国家緊急権　　東日本大震災などの壊滅的な地震・津波災害のリスクや、日本国民を拉致しミサイル・核実験を繰り返したり、領土拡大を狙っているような危険な周辺国家の存在にもかかわらず、憲法はそのような緊急事態に対応できるような**国家緊急権**に関する規定を有していません。国家が国民の家である以上、国家の緊急時には、国民の人権を制限せざるを得な

いことは現実的な考え方でしょう。しかしながら、たとえそのような緊急事態が起こったとしても、国民主権が守られ、緊急事態という枠内で国民の人権が最大限尊重されるようにするためには、新しい人権の規定とともに、国家緊急権を憲法に明記しておく必要があると思われます。

　国家緊急権を規定すると、日本において独裁国家や軍事政権が形成される危険性があると主張する人々もいますが、大きな誤解です。そもそも、国家緊急権という枠組を国家に与えることで、仮に大災害や他国からの軍事攻撃により、首都機能や国家の中枢がマヒしたとしても、我が国が適切に存続することができるのです。さらなる被害を食い止め、国民が一刻も早く平時の生活に戻れるように、国家に臨時の強い権利を与え、国民の人権の制限を一時的に強めることは、やむをえないこととも言われます。むしろ国家緊急権という枠組のない現行憲法には、緊急時を規定するルールが存在しないわけで、非常時の混乱の中で、独裁や軍事政権を産み出す危険も有しています。軍事政権と言う「いつか来た道」を繰り返さないためにも、国家緊急権を明記しておくべきです。

※　その他 2009 年より導入された裁判員制度の効果的運用を進めるためにも、米国のように「国民の司法参加」を権利として規定したり、移民、夫婦別姓、妊娠中絶、死刑廃止、尊厳死などの権利を日本国憲法に規定するべきであるという主張もあります。いずれも、いまだにその是非について日本国内のみならず世界中で議論がなされている最中です。

Discussion テーマ

○　新しい人権として本章で列挙された権利のうち、あなたが憲法に規定されるべきであると考えるものはどれか？

○　なぜ、憲法改正の議論は憲法 9 条に集中しているかのように報道されるのだろうか？

コラム──事例から考える　人権のインフレ化

　本文に掲げた具体例を見れば、新しい人権が間違いなく存在することが理解できるでしょう。それにもかかわらず、憲法改正に反対する人々は、新しい人権の尊重は現行の憲法の規定ですべて網羅し、十分に実現できていると主張します。新しい人権を、憲法13条の**幸福追求権**にまとめてしまっているのです。憲法13条の規定は、人権尊重主義の総則的規定であり、それに新しい人権を吸収させてしまうというのは、あまりにも幸福追求権の意味を拡大解釈しすぎています。

　新しい人権をいちいち憲法上の権利として認めてしまうと、「**人権のインフレ化**」が起き、人権が安売りされてしまうリスクがあるという批判もあります。たしかに、新しい人権の種類は多岐にわたります。そもそも、憲法施行から70年以上もたてば、新しい人権の種類が増えていくのは当たり前です。今後も時代の変化とともに増えていくことでしょう。米国のように**合衆国憲法修正9条**で、「この憲法に一定の権利を列挙したことを根拠に、市民の保有するその他の権利を否定し、または軽視したものと解釈してはならない。」（The enumeration in the Constitution, of certain rights, shall not be construed to deny or disparage others retained by the people.）と規定することで、新しい人権の出現を憲法が妨げることのないようにすることも妥当と言えます。

　いずれにしても、憲法改正時に個別具体的な新しい人権の是非について国民的議論がなされることで、その人権が本当に憲法という国家の基本法に記載されるべきものなのかが明確になり、おのずと取捨選択されることから、「人権のインフレ化」は防止できると思われます。

　日本国憲法の基本原理の1つに、人権尊重主義が存在する以上、新しい人権が十分に尊重されていない状況を放置することは、憲法の基本原理に反することにもなりかねません。憲法改正が現代日本における人権

尊重主義をより強固なものにするためにも、新しい人権の明記に躊躇するべき時代ではないようにも思えます。

おわりに

　日本国憲法の条文は全部で 103 条と他の法律と比べると実に短いものです。しかし、この全 103 条に、日本という国家のすべてが凝縮されているといっても過言ではないでしょう。なぜならば、憲法は日本という国家の基本法であるからです。日本国民の権利と義務の源で、一人ひとりの国民が幸福を追求するための「身近な道具」である憲法。我々の生活は、本書で論じたような様々な憲法問題であふれていますし、国民は常に憲法と共に生きているのです。しかしながら、憲法が「政治の法」であるがために、日本国憲法が施行されてから 70 年超もの間、憲法は常に政治的議論の題材とされ、その改正を主張することは、いまだに何かのタブーにふれるかのように捉えられることがあります。憲法が我々の生活から遠い存在のように思われてしまうのも、このことが大きな原因の一つと言えましょう。

　『種の起源』（"*On the Origin of Species*"）を著したことで有名な、英国の科学者チャールズ・ダーウィンは、「生き残る種とは、最も知的なものではない。最も強いものでもない。それは、環境の変化に最も適応した種である。」(It is not the most intellectual of the species that survives; it is not the strongest that survives; but the species that survives is the one that is able best to adapt and adjust to the changing environment in which it finds itself.) と述べています。日本国憲法は施行から 70 年超もの間、一度も変わってきませんでした。いかに素晴らしい憲法を作ったとしても、時代と共に、社会の状況や世界情勢も変わっていきます。この変化に「最も適応した」憲法でなければ、国家の大黒柱として、国家をしっかりと支えることはできません。国民が、そして国民の代表である政治家たちが「変化に適応できていない」憲法を放置していくことで、日本という国家および日本国民は本当に「生き残る種」となれるのでしょうか？

　本書を読まれた方が、憲法をめぐる様々な偏見や誤解に気が付き、それらを取り払い、自分なりの憲法観を持たれ、その知識を皆さんの生活に役立てていただけることを望んでやみません。

　最後になりましたが、本書の出版にあたり、根気強く原稿の完成を待って、著者をあたたかく応援してくださった慶應義塾出版会の岡田智武さんに心より感謝申し上げます。

著　者

NOTE

日本国憲法 全文

施行　昭和22年5月3日

朕は、日本国民の総意に基いて、新日本建設の礎が、定まるに至つたことを、深くよろこび、枢密顧問の諮詢及び帝国憲法第七十三条による帝国議会の議決を経た帝国憲法の改正を裁可し、ここにこれを公布せしめる。

　御名御璽

　　昭和二十一年十一月三日

<table>
<tr><td>　　　内閣総理大臣兼</td><td></td><td>吉田　　茂</td></tr>
</table>

内閣総理大臣兼		
外　務　大　臣		吉田　　茂
国　務　大　臣	男爵	幣原喜重郎
司　法　大　臣		木村篤太郎
内　務　大　臣		大村　清一
文　部　大　臣		田中耕太郎
農　林　大　臣		和田　博雄
国　務　大　臣		齋藤　隆夫
逓　信　大　臣		一松　定吉
商　工　大　臣		星島　二郎
厚　生　大　臣		河合　良成
国　務　大　臣		植原悦次郎
運　輸　大　臣		平塚常次郎
大　蔵　大　臣		石橋　湛山
国　務　大　臣		金森徳次郎
国　務　大　臣		膳　桂之助

日本国憲法

　日本国民は、正当に選挙された国会における代表者を通じて行動し、われらとわれらの子孫のために、諸国民との協和による成果と、わが国全土にわたつて自由のもたらす恵沢を確保し、政府の行為によつて再び戦争の惨禍が起ることのないやうにすることを決意し、ここに主権が国民に存することを宣言し、この憲法を確定する。そもそも国政は、国民の厳粛な信託によるものであつて、その権威は国民に由来し、その権力は国民の代表者がこれを行使し、その福利は国民がこれを享受する。これは人類普遍の原理であり、この憲法は、かかる原理に基くものである。われらは、これに反する一切の憲法、法令及び詔勅を排除する。

　日本国民は、恒久の平和を念願し、人間相互の関係を支配する崇高な理想を深く自覚するのであつて、平和を愛する諸国民の公正と信義に信頼して、われらの安全と生存を保持しようと決意した。われらは、平和を維持し、専制と隷従、圧迫と偏狭を地上から永遠に除去しようと努めてゐる国際社会において、名誉ある地位を占めたいと思ふ。われらは、全世界の国民が、ひとしく恐怖と欠乏から免かれ、平和のうちに生存する権利を有することを確認する。

　われらは、いづれの国家も、自国のことのみに専念して他国を無視してはならないのであつて、政治道徳の法則は、普遍的なものであり、この法則に従ふことは、自国の主権を維持し、他国と対等関係に立たうとする各国の責務であると信ずる。

　日本国民は、国家の名誉にかけ、全力をあげてこの崇高な理想と目的を達成することを誓ふ。

第1章 天皇

第1条 天皇は、日本国の象徴であり日本国民統合の象徴であつて、この地位は、主権の存する日本国民の総意に基く。

第2条 皇位は、世襲のものであつて、国会の議決した皇室典範の定めるところにより、これを継承する。

第3条 天皇の国事に関するすべての行為には、内閣の助言と承認を必要とし、内閣が、その責任を負ふ。

第4条① 天皇は、この憲法の定める国事に関する行為のみを行ひ、国政に関する権能を有しない。

② 天皇は、法律の定めるところにより、その国事に関する行為を委任することができる。

第5条 皇室典範の定めるところにより摂政を置くときは、摂政は、天皇の名でその国事に関する行為を行ふ。この場合には、前条第一項の規定を準用する。

第6条① 天皇は、国会の指名に基いて、内閣総理大臣を任命する。

② 天皇は、内閣の指名に基いて、最高裁判所の長たる裁判官を任命する。

第7条 天皇は、内閣の助言と承認により、国民のために、左の国事に関する行為を行ふ。

1. 憲法改正、法律、政令及び条約を公布すること。
2. 国会を召集すること。
3. 衆議院を解散すること。
4. 国会議員の総選挙の施行を公示すること。
5. 国務大臣及び法律の定めるその他の官吏の任免並びに全権委任状及び大使及び公使の信任状を認証すること。
6. 大赦、特赦、減刑、刑の執行の免除及び復権を認証すること。
7. 栄典を授与すること。
8. 批准書及び法律の定めるその他の外交文書を認証すること。
9. 外国の大使及び公使を接受すること。
10. 儀式を行ふこと。

第8条 皇室に財産を譲り渡し、又は皇室が、財産を譲り受け、若しくは賜与することは、国会の議決に基かなければならない。

第2章 戦争の放棄

第9条① 日本国民は、正義と秩序を基調とする国際平和を誠実に希求し、国権の発動たる戦争と、武力による威嚇又は武力の行使は、国際紛争を解決する手段としては、永久にこれを放棄する。

② 前項の目的を達するため、陸海空軍その他の戦力は、これを保持しない。国の交戦権は、これを認めない。

第3章 国民の権利及び義務

第10条 日本国民たる要件は、法律でこれを定める。

第11条 国民は、すべての基本的人権の享有を妨げられない。この憲法が国民に保障する基本的人権は、侵すことのできない永久の権利として、現在及び将来の国民に与へられる。

第12条 この憲法が国民に保障する自由及び権利は、国民の不断の努力によつて、これを保持しなければならない。又、国民は、これを濫用してはならないので

あつて、常に公共の福祉のためにこれを利用する責任を負ふ。

第13条 すべて国民は、個人として尊重される。生命、自由及び幸福追求に対する国民の権利については、公共の福祉に反しない限り、立法その他の国政の上で、最大の尊重を必要とする。

第14条① すべて国民は、法の下に平等であつて、人種、信条、性別、社会的身分又は門地により、政治的、経済的又は社会的関係において、差別されない。

② 華族その他の貴族の制度は、これを認めない。

③ 栄誉、勲章その他の栄典の授与は、いかなる特権も伴はない。栄典の授与は、現にこれを有し、又は将来これを受ける者の一代に限り、その効力を有する。

第15条① 公務員を選定し、及びこれを罷免することは、国民固有の権利である。

② すべて公務員は、全体の奉仕者であつて、一部の奉仕者ではない。

③ 公務員の選挙については、成年者による普通選挙を保障する。

④ すべて選挙における投票の秘密は、これを侵してはならない。選挙人は、その選択に関し公的にも私的にも責任を問はれない。

第16条 何人も、損害の救済、公務員の罷免、法律、命令又は規則の制定、廃止又は改正その他の事項に関し、平穏に請願する権利を有し、何人も、かかる請願をしたためにいかなる差別待遇も受けない。

第17条 何人も、公務員の不法行為により、損害を受けたときは、法律の定めるところにより、国又は公共団体に、その賠償を求めることができる。

第18条 何人も、いかなる奴隷的拘束も受けない。又、犯罪に因る処罰の場合を除いては、その意に反する苦役に服させられない。

第19条 思想及び良心の自由は、これを侵してはならない。

第20条① 信教の自由は、何人に対してもこれを保障する。いかなる宗教団体も、国から特権を受け、又は政治上の権力を行使してはならない。

② 何人も、宗教上の行為、祝典、儀式又は行事に参加することを強制されない。

③ 国及びその機関は、宗教教育その他いかなる宗教的活動もしてはならない。

第21条① 集会、結社及び言論、出版その他一切の表現の自由は、これを保障する。

② 検閲は、これをしてはならない。通信の秘密は、これを侵してはならない。

第22条① 何人も、公共の福祉に反しない限り、居住、移転及び職業選択の自由を有する。

② 何人も、外国に移住し、又は国籍を離脱する自由を侵されない。

第23条 学問の自由は、これを保障する。

第24条① 婚姻は、両性の合意のみに基いて成立し、夫婦が同等の権利を有することを基本として、相互の協力により、維持されなければならない。

② 配偶者の選択、財産権、相続、住居の選定、離婚並びに婚姻及び家族に関するその他の事項に関しては、法律は、個人の尊厳と両性の本質的平等に立脚して、制定されなければならない。

第25条① すべて国民は、健康で文化的な最低限度の生活を営む権利を有する。

② 国は、すべての生活部面について、社会福祉、社会保障及び公衆衛生の向上及び増進に努めなければならない。

第26条① すべて国民は、法律の定めるところにより、その能力に応じて、ひとしく教育を受ける権利を有する。

② すべて国民は、法律の定めるところにより、その保護する子女に普通教育を受けさせる義務を負ふ。義務教育は、これを無償とする。

第27条① すべて国民は、勤労の権利を有し、義務を負ふ。

② 賃金、就業時間、休息その他の勤労条件に関する基準は、法律でこれを定める。

③ 児童は、これを酷使してはならない。

第28条 勤労者の団結する権利及び団体交渉その他の団体行動をする権利は、これを保障する。

第29条① 財産権は、これを侵してはならない。

② 財産権の内容は、公共の福祉に適合するやうに、法律でこれを定める。

③ 私有財産は、正当な補償の下に、これを公共のために用ひることができる。

第30条 国民は、法律の定めるところにより、納税の義務を負ふ。

第31条 何人も、法律の定める手続によらなければ、その生命若しくは自由を奪はれ、又はその他の刑罰を科せられない。

第32条 何人も、裁判所において裁判を受ける権利を奪はれない。

第33条 何人も、現行犯として逮捕される場合を除いては、権限を有する司法官憲が発し、且つ理由となつてゐる犯罪を明示する令状によらなければ、逮捕されない。

第34条 何人も、理由を直ちに告げられ、且つ、直ちに弁護人に依頼する権利を与へられなければ、抑留又は拘禁されない。又、何人も、正当な理由がなければ、拘禁されず、要求があれば、その理由は、直ちに本人及びその弁護人の出席する公開の法廷で示されなければならない。

第35条① 何人も、その住居、書類及び所持品について、侵入、捜索及び押収を受けることのない権利は、第三十三条の場合を除いては、正当な理由に基いて発せられ、且つ捜索する場所及び押収する物を明示する令状がなければ、侵されない。

② 捜索又は押収は、権限を有する司法官憲が発する各別の令状により、これを行ふ。

第36条 公務員による拷問及び残虐な刑罰は、絶対にこれを禁ずる。

第37条① すべて刑事事件においては、被告人は、公平な裁判所の迅速な公開裁判を受ける権利を有する。

② 刑事被告人は、すべての証人に対して審問する機会を充分に与へられ、又、公費で自己のために強制的手続により証人を求める権利を有する。

③ 刑事被告人は、いかなる場合にも、資格を有する弁護人を依頼することができる。被告人が自らこれを依頼することができないときは、国でこれを附する。

第38条① 何人も、自己に不利益な供述を強要されない。

② 強制、拷問若しくは脅迫による自白又は不当に長く抑留若しくは拘禁された後の自白は、これを証拠とすることができない。

③ 何人も、自己に不利益な唯一の証拠が本人の自白である場合には、有罪とされ、又は刑罰を科せられない。

第39条 何人も、実行の時に適法であつた行為又は既に無罪とされた行為については、刑事上の責任を問はれない。又、同一の犯罪について、重ねて刑事上の責任を問はれない。

第40条 何人も、抑留又は拘禁された後、無罪の裁判を受けたときは、法律の定めるところにより、国にその補償を求めることができる。

第4章　国会

第41条　国会は、国権の最高機関であつて、国の唯一の立法機関である。

第42条　国会は、衆議院及び参議院の両議院でこれを構成する。

第43条①　両議院は、全国民を代表する選挙された議員でこれを組織する。

　②　両議院の議員の定数は、法律でこれを定める。

第44条　両議院の議員及びその選挙人の資格は、法律でこれを定める。但し、人種、信条、性別、社会的身分、門地、教育、財産又は収入によつて差別してはならない。

第45条　衆議院議員の任期は、四年とする。但し、衆議院解散の場合には、その期間満了前に終了する。

第46条　参議院議員の任期は、六年とし、三年ごとに議員の半数を改選する。

第47条　選挙区、投票の方法その他両議院の議員の選挙に関する事項は、法律でこれを定める。

第48条　何人も、同時に両議院の議員たることはできない。

第49条　両議院の議員は、法律の定めるところにより、国庫から相当額の歳費を受ける。

第50条　両議院の議員は、法律の定める場合を除いては、国会の会期中逮捕されず、会期前に逮捕された議員は、その議院の要求があれば、会期中これを釈放しなければならない。

第51条　両議院の議員は、議院で行つた演説、討論又は表決について、院外で責任を問はれない。

第52条　国会の常会は、毎年一回これを召集する。

第53条　内閣は、国会の臨時会の召集を決定することができる。いづれかの議院の総議員の四分の一以上の要求があれば、内閣は、その召集を決定しなければならない。

第54条①　衆議院が解散されたときは、解散の日から四十日以内に、衆議院議員の総選挙を行ひ、その選挙の日から三十日以内に、国会を召集しなければならない。

　②　衆議院が解散されたときは、参議院は、同時に閉会となる。但し、内閣は、国に緊急の必要があるときは、参議院の緊急集会を求めることができる。

　③　前項但書の緊急集会において採られた措置は、臨時のものであつて、次の国会開会の後十日以内に、衆議院の同意がない場合には、その効力を失ふ。

第55条　両議院は、各々その議員の資格に関する争訟を裁判する。但し、議員の議席を失はせるには、出席議員の三分の二以上の多数による議決を必要とする。

第56条①　両議院は、各々その総議員の三分の一以上の出席がなければ、議事を開き議決することができない。

　②　両議院の議事は、この憲法に特別の定のある場合を除いては、出席議員の過半数でこれを決し、可否同数のときは、議長の決するところによる。

第57条①　両議院の会議は、公開とする。但し、出席議員の三分の二以上の多数で議決したときは、秘密会を開くことができる。

　②　両議院は、各々その会議の記録を保存し、秘密会の記録の中で特に秘密を要すると認められるもの以外は、これを公表し、且つ一般に頒布しなければならない。

　③　出席議員の五分の一以上の要求があれば、各議員の表決は、これを会議録に記載しなければならない。

第58条①　両議院は、各々その議長その他の役員を選任する。

　②　両議院は、各々その会議その他の手続及び内部の規律に関する規則を定め、

又、院内の秩序をみだした議員を懲罰することができる。但し、議員を除名するには、出席議員の三分の二以上の多数による議決を必要とする。

第59条① 法律案は、この憲法に特別の定のある場合を除いては、両議院で可決したとき法律となる。

② 衆議院で可決し、参議院でこれと異なつた議決をした法律案は、衆議院で出席議員の三分の二以上の多数で再び可決したときは、法律となる。

③ 前項の規定は、法律の定めるところにより、衆議院が、両議院の協議会を開くことを求めることを妨げない。

④ 参議院が、衆議院の可決した法律案を受け取つた後、国会休会中の期間を除いて六十日以内に、議決しないときは、衆議院は、参議院がその法律案を否決したものとみなすことができる。

第60条① 予算は、さきに衆議院に提出しなければならない。

② 予算について、参議院で衆議院と異なつた議決をした場合に、法律の定めるところにより、両議院の協議会を開いても意見が一致しないとき、又は参議院が、衆議院の可決した予算を受け取つた後、国会休会中の期間を除いて三十日以内に、議決しないときは、衆議院の議決を国会の議決とする。

第61条 条約の締結に必要な国会の承認については、前条第二項の規定を準用する。

第62条 両議院は、各々国政に関する調査を行ひ、これに関して、証人の出頭及び証言並びに記録の提出を要求することができる。

第63条 内閣総理大臣その他の国務大臣は、両議院の一に議席を有すると有しないとにかかはらず、何時でも議案について発言するため議院に出席することができる。又、答弁又は説明のため出席を求められたときは、出席しなければならない。

第64条① 国会は、罷免の訴追を受けた裁判官を裁判するため、両議院の議員で組織する弾劾裁判所を設ける。

② 弾劾に関する事項は、法律でこれを定める。

第5章　内閣

第65条 行政権は、内閣に属する。

第66条① 内閣は、法律の定めるところにより、その首長たる内閣総理大臣及びその他の国務大臣でこれを組織する。

② 内閣総理大臣その他の国務大臣は、文民でなければならない。

③ 内閣は、行政権の行使について、国会に対し連帯して責任を負ふ。

第67条① 内閣総理大臣は、国会議員の中から国会の議決で、これを指名する。この指名は、他のすべての案件に先だつて、これを行ふ。

② 衆議院と参議院とが異なつた指名の議決をした場合に、法律の定めるところにより、両議院の協議会を開いても意見が一致しないとき、又は衆議院が指名の議決をした後、国会休会中の期間を除いて十日以内に、参議院が、指名の議決をしないときは、衆議院の議決を国会の議決とする。

第68条① 内閣総理大臣は、国務大臣を任命する。但し、その過半数は、国会議員の中から選ばれなければならない。

② 内閣総理大臣は、任意に国務大臣を罷免することができる。

第69条 内閣は、衆議院で不信任の決議案を可決し、又は信任の決議案を否決したときは、十日以内に衆議院が解散されない限り、総辞職をしなければならない。

第70条 内閣総理大臣が欠けたとき、又は衆議院議員総選挙の後に初めて国会の召集があつたときは、内閣は、総辞職をしなければならない。

第71条 前二条の場合には、内閣は、あらたに内閣総理大臣が任命されるまで引き続きその職務を行ふ。

第72条 内閣総理大臣は、内閣を代表して議案を国会に提出し、一般国務及び外交関係について国会に報告し、並びに行政各部を指揮監督する。

第73条 内閣は、他の一般行政事務の外、左の事務を行ふ。
1. 法律を誠実に執行し、国務を総理すること。
2. 外交関係を処理すること。
3. 条約を締結すること。但し、事前に、時宜によつては事後に、国会の承認を経ることを必要とする。
4. 法律の定める基準に従ひ、官吏に関する事務を掌理すること。
5. 予算を作成して国会に提出すること。
6. この憲法及び法律の規定を実施するために、政令を制定すること。但し、政令には、特にその法律の委任がある場合を除いては、罰則を設けることができない。
7. 大赦、特赦、減刑、刑の執行の免除及び復権を決定すること。

第74条 法律及び政令には、すべて主任の国務大臣が署名し、内閣総理大臣が連署することを必要とする。

第75条 国務大臣は、その在任中、内閣総理大臣の同意がなければ、訴追されない。但し、これがため、訴追の権利は、害されない。

第6章　司法

第76条① すべて司法権は、最高裁判所及び法律の定めるところにより設置する下級裁判所に属する。

② 特別裁判所は、これを設置することができない。行政機関は、終審として裁判を行ふことができない。

③ すべて裁判官は、その良心に従ひ独立してその職権を行ひ、この憲法及び法律にのみ拘束される。

第77条① 最高裁判所は、訴訟に関する手続、弁護士、裁判所の内部規律及び司法事務処理に関する事項について、規則を定める権限を有する。

② 検察官は、最高裁判所の定める規則に従はなければならない。

③ 最高裁判所は、下級裁判所に関する規則を定める権限を、下級裁判所に委任することができる。

第78条 裁判官は、裁判により、心身の故障のために職務を執ることができないと決定された場合を除いては、公の弾劾によらなければ罷免されない。裁判官の懲戒処分は、行政機関がこれを行ふことはできない。

第79条① 最高裁判所は、その長たる裁判官及び法律の定める員数のその他の裁判官でこれを構成し、その長たる裁判官以外の裁判官は、内閣でこれを任命する。

② 最高裁判所の裁判官の任命は、その任命後初めて行はれる衆議院議員総選挙の際国民の審査に付し、その後十年を経過した後初めて行はれる衆議院議員総選挙の際更に審査に付し、その後も同様とする。

③ 前項の場合において、投票者の多数が裁判官の罷免を可とするときは、その裁判官は、罷免される。

④ 審査に関する事項は、法律でこれを定める。

⑤　最高裁判所の裁判官は、法律の定める年齢に達した時に退官する。

⑥　最高裁判所の裁判官は、すべて定期に相当額の報酬を受ける。この報酬は、在任中、これを減額することができない。

第80条①　下級裁判所の裁判官は、最高裁判所の指名した者の名簿によつて、内閣でこれを任命する。その裁判官は、任期を十年とし、再任されることができる。但し、法律の定める年齢に達した時には退官する。

②　下級裁判所の裁判官は、すべて定期に相当額の報酬を受ける。この報酬は、在任中、これを減額することができない。

第81条　最高裁判所は、一切の法律、命令、規則又は処分が憲法に適合するかしないかを決定する権限を有する終審裁判所である。

第82条①　裁判の対審及び判決は、公開法廷でこれを行ふ。

②　裁判所が、裁判官の全員一致で、公の秩序又は善良の風俗を害する虞があると決した場合には、対審は、公開しないでこれを行ふことができる。但し、政治犯罪、出版に関する犯罪又はこの憲法第三章で保障する国民の権利が問題となつてゐる事件の対審は、常にこれを公開しなければならない。

第7章　財政

第83条　国の財政を処理する権限は、国会の議決に基いて、これを行使しなければならない。

第84条　あらたに租税を課し、又は現行の租税を変更するには、法律又は法律の定める条件によることを必要とする。

第85条　国費を支出し、又は国が債務を負担するには、国会の議決に基くことを必要とする。

第86条　内閣は、毎会計年度の予算を作成し、国会に提出して、その審議を受け議決を経なければならない。

第87条①　予見し難い予算の不足に充てるため、国会の議決に基いて予備費を設け、内閣の責任でこれを支出することができる。

②　すべて予備費の支出については、内閣は、事後に国会の承諾を得なければならない。

第88条　すべて皇室財産は、国に属する。すべて皇室の費用は、予算に計上して国会の議決を経なければならない。

第89条　公金その他の公の財産は、宗教上の組織若しくは団体の使用、便益若しくは維持のため、又は公の支配に属しない慈善、教育若しくは博愛の事業に対し、これを支出し、又はその利用に供してはならない。

第90条①　国の収入支出の決算は、すべて毎年会計検査院がこれを検査し、内閣は、次の年度に、その検査報告とともに、これを国会に提出しなければならない。

②　会計検査院の組織及び権限は、法律でこれを定める。

第91条　内閣は、国会及び国民に対し、定期に、少くとも毎年一回、国の財政状況について報告しなければならない。

第8章　地方自治

第92条　地方公共団体の組織及び運営に関する事項は、地方自治の本旨に基いて、法律でこれを定める。

第93条①　地方公共団体には、法律の定めるところにより、その議事機関として議会

を設置する。

　　②　地方公共団体の長、その議会の議員及び法律の定めるその他の吏員は、その地方公共団体の住民が、直接これを選挙する。

第 94 条　地方公共団体は、その財産を管理し、事務を処理し、及び行政を執行する権能を有し、法律の範囲内で条例を制定することができる。

第 95 条　一の地方公共団体のみに適用される特別法は、法律の定めるところにより、その地方公共団体の住民の投票においてその過半数の同意を得なければ、国会は、これを制定することができない。

第 9 章　改正

第 96 条①　この憲法の改正は、各議院の総議員の三分の二以上の賛成で、国会が、これを発議し、国民に提案してその承認を経なければならない。この承認には、特別の国民投票又は国会の定める選挙の際行はれる投票において、その過半数の賛成を必要とする。

　　②　憲法改正について前項の承認を経たときは、天皇は、国民の名で、この憲法と一体を成すものとして、直ちにこれを公布する。

第 10 章　最高法規

第 97 条　この憲法が日本国民に保障する基本的人権は、人類の多年にわたる自由獲得の努力の成果であつて、これらの権利は、過去幾多の試錬に堪へ、現在及び将来の国民に対し、侵すことのできない永久の権利として信託されたものである。

第 98 条①　この憲法は、国の最高法規であつて、その条規に反する法律、命令、詔勅及び国務に関するその他の行為の全部又は一部は、その効力を有しない。

　　②　日本国が締結した条約及び確立された国際法規は、これを誠実に遵守することを必要とする。

第 99 条　天皇又は摂政及び国務大臣、国会議員、裁判官その他の公務員は、この憲法を尊重し擁護する義務を負ふ。

第 11 章　補則

第 100 条①　この憲法は、公布の日から起算して六箇月を経過した日から、これを施行する。

　　②　この憲法を施行するために必要な法律の制定、参議院議員の選挙及び国会召集の手続並びにこの憲法を施行するために必要な準備手続は、前項の期日よりも前に、これを行ふことができる。

第 101 条　この憲法施行の際、参議院がまだ成立してゐないときは、その成立するまでの間、衆議院は、国会としての権限を行ふ。

第 102 条　この憲法による第一期の参議院議員のうち、その半数の者の任期は、これを三年とする。その議員は、法律の定めるところにより、これを定める。

第 103 条　この憲法施行の際現に在職する国務大臣、衆議院議員及び裁判官並びにその他の公務員で、その地位に相応する地位がこの憲法で認められてゐる者は、法律で特別の定をした場合を除いては、この憲法施行のため、当然にはその地位を失ふことはない。但し、この憲法によつて、後任者が選挙又は任命されたときは、当然その地位を失ふ。

NOTE

事項索引

さ行

た行

な行

は行

ま行

や行

ら行

吉田 成利（よしだ なるとし）

明海大学ホスピタリティ・ツーリズム学部准教授。博士（法学・ロンドン大学 PhD）。
1982 年東京都生まれ。慶應義塾大学法学部法律学科卒業。慶應義塾大学院法学研究科民事法学専攻修士課程修了。慶應義塾福澤研究センター調査員を経て、ロンドン大学キングスカレッジ ロースクール LLM 課程および PhD 課程修了。シカゴ大学ロースクール LL.M. 課程修了の後、現職。
専門分野：憲法、陪審制度、比較法、法文化論、法制史。
著作に、"The case for abolishing jury trial in the English legal system"（2015年、博士論文）、「"裁判員時代" を考えるヒント─福澤諭吉とトクヴィル」（明海大学ホスピタリティ・ツーリズム学部論文集 Journal of Hospitality and Tourism, No.15 (2019-2020)）、"Pro bono duty of a lawyer"（明海大学ホスピタリティ・ツーリズム学部論文集 Journal of Hospitality and Tourism, No.14 (2018-2019)）、"The Management of Supreme Court Law Clerks and Roberts Court"（明海大学ホスピタリティ・ツーリズム学部論文集 Journal of Hospitality and Tourism, No.13 (2017-2018)）、"The TPP agreement and labour mobility in Japan"（明海大学ホスピタリティ・ツーリズム学部論文集 Journal of Hospitality and Tourism, No.12 (2016-2017)）他。

大学生のための日本国憲法入門

2020 年 1 月 25 日　初版第 1 刷発行
2023 年 11 月 1 日　初版第 4 刷発行

著　者────吉田成利
発行者────大野友寛
発行所────慶應義塾大学出版会株式会社
　　　　　　〒 108-8346　東京都港区三田 2-19-30
　　　　　　ＴＥＬ〔編集部〕03-3451-0931
　　　　　　　　　〔営業部〕03-3451-3584〈ご注文〉
　　　　　　　　　〔　〃　〕03-3451-6926
　　　　　　ＦＡＸ〔営業部〕03-3451-3122
　　　　　　振替 00190-8-155497
　　　　　　https://www.keio-up.co.jp/
装　丁────辻　聡
組　版────株式会社キャップス
印刷・製本──中央精版印刷株式会社
カバー印刷──株式会社太平印刷社